João Paulo de Araújo Souza

Matemática Financeira para Licenciatura

EDITORA CIÊNCIA MODERNA

Matemática Financeira para Licenciatura

Editor: Paulo André P. Marques
Produção Editorial: Dilene Sandes Pessanha
Capa: Daniel Jara
Copidesque: Equipe Ciência Moderna

FICHA CATALOGRÁFICA

SOUZA, João Paulo de Araújo.

Matemática Financeira para Licenciatura

Rio de Janeiro: Editora Ciência Moderna Ltda., 2025.

1. Matemática 2 Matemática Financeira
I — Título

ISBN: 978-65-5842-459-8 CDD 510

Editora Ciência Moderna Ltda.
R. Alice Figueiredo, 46 – Riachuelo
Rio de Janeiro, RJ – Brasil CEP: 20.950-150
Tel: (21) 2201-6662/ Fax: (21) 2201-6896
E-MAIL: LCM@LCM.COM.BR
WWW.LCM.COM.BR **05/25**

E, para dizer tudo, temo e creio
Que qualquer longo tempo curto seja;
Mas, pois o mandas, tudo se te deve;
Irei contra o que devo, e serei breve.
Além disso, o que a tudo enfim me obriga
É não poder mentir no que disser [...]

Luís de Camões

SUMÁRIO

PREFÁCIO

> *A teoria sem a prática vira "verbalismo", assim como a prática sem teoria vira ativismo. No entanto, quando se une a prática com a teoria tem-se a práxis, a ação criadora e modificadora da realidade.*
>
> **Paulo Freire**

Aos que, assim como o autor, são ansiosos e anseiam pelo fim sempre que começam algo, vamos começar apresentando alguns dos tópicos mais interessantes desse livro sem uma prévia justificativa. Vejamos, no primeiro capítulo, os exemplos e exercícios são em grande quantidade e variedade. No segundo capítulo, é apresentada uma comparação entre os regimes de juros simples e juros compostos (na Seção 2.3). No capítulo 4, temos um aplicação que pode servir para qualquer pessoa que pensa em se aposentar contribuindo para alguma previdência (Seção 5.5). No último capítulo é apresentada uma comparação detalhada entre o SAC e o SAF.

Feita essa breve apresentação, voltaremos a uma apresentação mais pautada e completa.

Este livro surge a partir das notas de aulas elaboradas para a disciplina homônima ministrada semestralmente desde o ano de 2020 no curso de Licenciatura em Matemática no Instituto Federal da Paraíba, *Campus* Cajazeiras, dessa experiência, surgiu a necessidade de um livro que melhor se adequasse à proposta do curso. Ou seja, um livro com um foco maior nas demonstrações das propriedades a partir de conceitos apresentados, mas sem restringir a apresentação de (muitos) exemplos e exercícios. Reforçamos que a licenciatura citada no título do livro é uma licenciatura que envolva as ciências exatas como, por exemplo, a Matemática e a Física.

Tal necessidade surge do fato de que o foco da maioria dos livros de Matemática Financeira se preocuparem apenas em apresentar os conceitos e suas aplicações em exemplos e exercícios. Não achamos que esse tipo de abordagem seja desnecessária e até, de certa forma, adotamos um pouco dela na elaboração desse livro, entretanto tentamos manter o foco da escrita do livro de um modo que seriam justificadas matematicamente as afirmações encontradas nos livros referentes a esse assunto.

Para embasar a teoria, o primeiro capítulo trata sobre sequências numéricas em uma breve apresentação dessas. Consideramos que as sequências numéricas configuram-se como parte fundamental da teoria apresentada e, por isso, são abordadas com suas definições, tipos e propriedades. Essa apresentação fez-se necessária para que o livro seja independente em teoria, dentro do limite possível, e completo em assuntos abordados.

O livro segue uma sequência lógica na sua construção. De modo geral, os conteúdos que são apresentados primeiro servirão como assuntos basilares para os assuntos subsequentes. Ainda há, em alguns poucos casos, assuntos que não servirão de ponto de partida para outros, porém tomamos a liberdade de incluí-los por julgar que os mesmos são interessantes em suas construções teóricas ou aplicações práticas.

Na estrutura, começamos com as sequências numéricas, com suas definições, propriedades, exemplos e exercícios. Sempre enfatizando as progressões aritméticas e as progressões geométricas por suas respectivas necessidades, por exemplo, ao tratarmos dos regimes de capitalização de juros simples e juros compostos, respectivamente.

No segundo capítulo, tratamos dos sistemas de capitalização. Passando de um pouco sobre a história e a necessidade de se considerar o valor do dinheiro como não sendo algo fixo no decorrer do tempo até o ponto em que tratamos sobre como se deve proceder ao saber dessa variação no valor do dinheiro. Passando pelas propriedades dos regimes de juros simples e compostos. Para finalizar a teoria do segundo capítulo, apresentamos uma comparação entre esse dois regimes adotando meios algébricos e geométricos.

No terceiro capítulo, apresentamos algumas equivalências que existem ao fixarmos um regime de capitalização. Podemos citar que são apresentadas as equivalências entre taxas para períodos de capitalizações diferentes e entre capitais considerados em datas diferentes.

No quarto capítulo, é abordado um dispositivo, os descontos financeiros, muito utilizado por instituições financeiras ao assumir um recebimento futuro como parte de um acordo de empréstimo, com suas devidas consequências e fórmulas intrínsecas a tal condição.

Já chegando a parte final do livro, que pode ser considerada a partir do quinto capítulo, tratamos sobre a possibilidade de capitalizar (fazer render ou pagar um capital a depender do ponto de vista do locutor ou leitor) e amortizar (pagar uma dívida, como o financiamento a longo prazo) por meio de um sistema de amortização.

No quinto capítulo, temos a teoria dedicada a como capitalizar uma renda ou, de modo equivalente, pagar uma dívida. Nesse capítulo, são apresentados muitos exemplos sobre como determinar quanto teremos ao fazer depósitos periódicos em uma conta que renda juros compostos. Um dos exemplos mais interessante versa sobre uma situação envolvendo uma possível previdência complementar.

No sexto capítulo, chegamos ao último assunto abordado no livro e apresentamos dois sistemas de capitalização, o sistema de amortização constante (SAC) e o sistema de amortização francês (SAF). Apresentamos o que define tais sistemas de amortização, algumas de suas propriedades/fórmulas sempre demonstrando-as matematicamente.

Por fim, temos o sétimo capítulo onde são apresentadas algumas comparações entre o SAC e o SAF. Em uma tentativa de possibilitar uma escolha bem embasada para qual sistema de amortização deveremos escolher a depender da situação (real e não teórica) nos encontremos na hora de aderir a um empréstimo.

Além das propriedades que são devidamente justificadas matematicamente e sempre com o máximo de detalhes que foi possível apresentar, o livro conta com 77 exemplos (mesmo que algumas situações não tenham sido apresentadas no formato de exemplos) e 233 exercícios propostos, dos quais alguns são inéditos, alguns são tentativas de uma mera aplicação direta da teoria e os outros são questões relacionadas aos assuntos que foram propostos em concursos ou vestibulares. Tais exemplos e exercícios servem para exercitar a teoria que fora previamente apresentada ou de suporte para algum resultado que venha aparecer depois (desde que esse resultado não seja considerado uma peça-chave para a teoria ou de difícil entendimento).

Todos os gráficos apresentados no livro foram construídos utilizando a linguagem LaTeX e alguns de seus pacotes como o TiKZ.

Externo aqui meu agradecimento ao meu amigo Professor Me. Guilherme Pereira de Souza por elaborar e produzir, com maestria, a Figura 1.2 e permitir que a mesma fosse utilizada neste livro.

Nisso, esperamos que o leitor encontre aqui um bom material para uma primeira leitura sobre as propriedades da Matemática Financeira ou uma boa complementação aos livros que tratam do assunto e que já se encontram disponíveis.

Agradeço antecipadamente, caso queira apontar algum erro ou falha. Para isso, enviar um e-mail ao endereço eletrônico:

<joaopaulosouza032@gmail.com>

CAPÍTULO

1

PROGRESSÕES

> *Protesto contra o uso de uma quantidade infinita como sendo uma entidade de fato; isto nunca é permitido em matemática.* ***O infinito é só uma maneira de falar*****.**
>
> **Gauss**

1.1 Progressões Numéricas

No nosso cotidiano, por vezes, nos deparamos com situações que apresentam um certo padrão que, pela singularidade, acabam prendendo nossa atenção por um tempo. Isso pode acontecer

- em problemas matemáticos: na repetição dos números decimais de uma dízima periódica;

- na natureza: no formato predisposto das sementes de flores como o girassol (ver a Figura 1.1)[1];

- em problemas diversos: ao determinar quanto pagar a um taxista que cobra um valor fixo (bandeirada) acrescido de um outro valor proporcional à distância percorrida na viagem;

- na natureza: ao procurar um padrão no crescimento de algumas espécies de animais ou plantas[2].

Figura 1.1: Os girassóis possuem padrões

Fonte: Imagem sem direitos autorais.

A sequência de Fibonacci[3] surge em alguns padrões da natureza como, por exemplo, no crescimento dos galhos de algumas árvores.

[1]Disponível em: https://pixabay.com/pt/photos/bloom-girassol-florescer-fechar-se-1866760/ Acesso em: 3 jan. 2025.

[2]Podemos citar para tal situação a sequência de Fibonacci (ver Exercício 1.5).

[3]Em homenagem ao matemático italiano Leonardo Fibonacci (1170-1250).

Figura 1.2: Árvore de Fibonacci

Fonte: Elaborada por Guilherme Pereira de Souza.

Na Figura 1.2, podemos observar que o número de galhos da árvore pode ser dado por

$$F_1 = 1,\ F_2 = 1,\ F_3 = 2,\ F_4 = 3,\ F_5 = 5, \ldots$$

De modo geral, tal sequência é definida por $F_1 = 1$, $F_2 = 1$ e pela recorrência

$$F_{n+2} = F_{n+1} + F_n,$$

para todo número natural não nulo n.

Além desses exemplos, veremos no decorrer do livro que algumas sequências especiais estão intimamente ligadas aos problemas de Matemática Financeira e, por isso, iremos apresentar um pouco da teoria que trata dessas sequências nesse capítulo que servirá de base para a teoria desenvolvida nos capítulos seguintes.

Uma vez observados esses padrões, podemos listar esses dados em ordem crescente e isso geraria uma sequência numérica. Matematicamente falando, uma sequência numérica é uma coleção finita ou infinita de números reais onde podemos determinar uma ordem.

Ou seja, existe uma função injetiva $f : A_n \subset \mathbb{N} \to \mathbb{R}$, de maneira que $A_n = \{0, 1, 2, 3, \dots, n\}$, $A_\infty = \mathbb{N}$ e $f(i)$ seria o i-ésimo termo da sequência.

Geralmente, usa-se $f(i) = a_i$ para indicar o i-ésimo termo da sequência denotada por $(a_i)_{i \in A_n}$ ou simplesmente (a_i) quando não houver dúvidas sobre qual deve ser o domínio da função f que origina a sequência.[4]

Vale reforçar que, se o domínio da função "geradora" for A_∞, teremos uma sequência infinita.

> **Exemplo 1.1** (Casas decimais). Considerando a divisão do número 1 pelo número 3, temos como resultado uma dízima periódica.
>
> $$1/3 = 0,333...$$
>
> Assim, pondo a_i como sendo a i-ésima casa decimal do resultado encontrado, temos $a_i = 3$, para qualquer $i \in \mathbb{N}$. Nos dando uma sequência infinita e constante de termos iguais a 3.

A seguir, vemos como é possível observar padrões em situações variadas. Por exemplo, ao determinar o valor da corrida de táxi

[4]deve-se observar que os parênteses são utilizados para diferenciar o termo a_i da sequência (a_i), cujo o termo geral é o a_i.

(nas condições adotadas no exemplo) observando que o acréscimo ao aumentar um quilômetro é sempre constante e igual ao valor cobrado por quilômetro percorrido.

Exemplo 1.2 (O valor de uma corrida de táxi). Sabendo que um taxista cobra uma bandeirada de R$ 8,00 e mais R$ 4,00 por quilômetro percorrido na viagem, podemos deduzir (ao considerar apenas quilômetros completos) que os valores possíveis para as corridas são

$$a_0 = 8,\ a_1 = 8 + 4 = 12, a_2 = a_1 + 4 = 16, \ldots,\ a_i = a_{i-1} + 4, \ldots$$

Além do mais, poderíamos obter o valor cobrado para andar n quilômetros sem precisar do termo anterior da nossa sequência fazendo a observação de que vale

$$a_n = 8 + n \cdot 4.$$

Isso facilita bastante quando for necessário determinar quanto custaria uma corrida em que o tamanho do percurso foi de 13 km. Veja, o valor da corrida seria

$$a_{13} = 8 + 13 \cdot 4 = 60.$$

Chegando ao valor de R$ 60,00 para a corrida.

Mesmo que sequências sejam algo recorrente no cotidiano de qualquer pessoa, ainda há aqueles que fazem mau uso delas. Vejamos a situação proposta em um concurso para professores de matemática do Ensino Fundamental no exemplo a seguir.

Exemplo 1.3 (IDIB - 2024). Um pesquisador de biologia está estudando o crescimento de uma população de bactérias em um laboratório. Ele observa que o número de bactérias a cada hora segue a seguinte sequência:

$$2, 6, 12, 20, 30, \ldots$$

Com base nisso, assinale a alternativa que indica o número de bactérias após a próxima hora, se o padrão continuar.

(a) 40.

(b) 42.

(c) 44.

(d) 38.

A solução esperada parte da ideia de que seria possível ao candidato que estava participando de tal concurso observar que os termos da sequência seguem um padrão

$$a_1 = 1 \cdot 2,\ a_2 = 2 \cdot 3,\ a_3 = 3 \cdot 4,\ \ldots,\ a_n = n(n+1)$$

e, consequentemente, teríamos $a_6 = 6 \cdot 7 = 42$. Tendo o item (b) como resposta esperada.

Em contrapartida, esse padrão não é único e isso torna a questão dúbia (com mais de uma resposta possível).

Por exemplo, ao considerar o polinômio

$$p(x) = \frac{-x^5 + 15x^4 - 85x^3 + 285x^2 - 214x + 240}{60}$$

teríamos $p(1) = 2$, $p(2) = 6$, $p(3) = 12$, $p(4) = 20$, $p(5) = 30$ e $p(6) = 40$. Dando como resposta o item (a).

Tal processo poderia ser repetido, determinando um novo polinômio adequado à situação dada, de forma a encontrar qualquer um dos outros itens como resposta e, assim, a questão deveria ser anulada.

Uma possibilidade de determinar um polinômio $p(x)$, para a qual se tenha

$$p(1) = 2,\ p(2) = 6,\ p(3) = 12,\ p(4) = 20,\ p(5) = 30,\ p(6) = k$$

com $k \in \mathbb{R}$, é utilizar o polinômio interpolador de Lagrange, mesmo que esse seja um processo maçante tanto quanto for maior o número de pontos interpolados.

Por outro lado, estando no conforto de nossas casas e com acesso à internet, podemos usar o site gratuito do WolframAlpha[5] para interpolar valores especificados.

Após essa discussão sobre questões em que as sequências são apontadas apresentando alguns de seus termos com o intuito de que o leitor determine um padrão, pode surgir um questionamento: Se, de modo geral, alguns termos não são suficientes, como fugir de tal ambiguidade?

[5]https://www.wolframalpha.com/input?i=interpolating+polynomial+calculator

A resposta não é tão alheia ao que se espera de qualquer questão: Devemos ser o mais claro possível e não deixar possíveis brechas no enunciado. Por exemplo, vejamos uma questão proposta na Olimpíada Cajazeirense de Matemática (OCZM) em 2016.

Exemplo 1.4 (OCZM (2016) - Nível 1). Um aluno do curso de informática, programou um computador para escrever os 5 números ímpares escritos de dois em dois, seguidos dos 5 números pares também escritos de dois em dois, sempre em ordem crescente, com um comando de repetição infinita.

$$11335577990022446688113355779900 22\ldots$$

Que algarismo foi escrito na posição 2016?

Solução. Uma possível estratégia de solução é observar a periodicidade da sequência apontada pela repetição dos finitos números (5 ímpares e 5 pares) escritos sempre de dois em dois.

Assim, haverá uma repetição dos termos da sequência sempre a cada 20 termos. Ou seja, sendo a_i o $i-$ésimo termos da sequência apontada na questão, temos a relação $a_i = a_{i+20}$.

Restando,

$$\begin{aligned} a_i = a_{i+20k}, \text{ com } k \in \mathbb{N} \quad &\Rightarrow \quad a_{2016} = a_{16+100\cdot 20} \\ &\Rightarrow \quad a_{2016} = a_{16} \\ &\Rightarrow \quad a_{2016} = 4. \end{aligned}$$

Nos dando que a resposta correta é o algarismo 4. ◇

Exercícios

Exercício 1.1. Seja (p_n) uma sequência, tal que vale

$$p_n = \frac{1}{1\cdot 2} + \frac{1}{2\cdot 3} + \cdots + \frac{1}{n(n+1)},$$

para todo número natural $n \geq 1$.

(a) Determine os seis primeiros termos dessa sequência.

(b) Mostre que
$$p_n = \frac{n}{n+1}, \forall n \in \mathbb{N}^*.$$

Exercício 1.2 (OCZM - 2016). Joãozinho escreveu a seguinte sequência numérica

$$12345123451234512\ldots$$

até que a soma de todos os seus algarismos fosse 2016. Qual foi o último algarismo escrito por Joãozinho?
Avalie criticamente esse enunciado (é possível determinar o número solicitado apenas com os dados fornecidos?).

Exercício 1.3 (OCZM - 2018). Seja $x_1 = 97$ e, para $n > 1$, considere
$$x_n = \frac{n}{x_{n-1}}.$$

Com quantos zeros termina o produto $x_1 \cdot x_2 \cdot \ldots \cdot x_{50}$?

Exercício 1.4 (OCZM - 2020). Uma sequência de números

$$a_0, a_1, a_2, \ldots, a_n, \ldots$$

é definida da seguinte forma: os dois primeiros termos são iguais a 1, isto é, $a_0 = a_1 = 1$ e, para todo número natural $n \geq 1$, $a_{n+1} = n(a_{n-1} + a_n)$.

(a) Qual é o último dígito de a_{2020}?

(b) Quais os 2 últimos dígitos de a_{11}?

Exercício 1.5 (A sequência de Fibonacci). A sequência de Fibonacci se originou com uma situação envolvendo coelhos que dizia o seguinte: "Comece com um par de coelhos imaturos. Após um período, cada par imaturo fica maduro, enquanto que cada par maduros dá origem a um par imaturo. Os coelhos são imortais. Como cresce a população à medida que passam os períodos?" (STEWART, 2016, p. 117).
Após encontrar o padrão que envolve a sequência dos números de Fibonacci:

(a) Pondo F_n, com $n \in \mathbb{N}^*$, mostre que vale a recorrência $F_{n+2} = F_{n+1} + F_n$, para todo $n \in \mathbb{N}$, e $F_1 = F_2 = 1$.

(b) Mostre que $(F_n)_{n \geq 1}$ é uma sequência ilimitada.

(c) Mostre que vale a relação $F_{n-1} \cdot F_{n+1} = F_n^2 + (-1)^n$.

(d) Pondo $\alpha \in \mathbb{R}$, sendo α o maior número para o qual vale a igualdade $\alpha^2 = 1 + \alpha$, mostre que

$$F_n = \frac{\alpha^n - (-\alpha)^{-n}}{\sqrt{5}}.$$

Conclua que

$$p = \frac{\alpha^n - (-\alpha)^{-n}}{\sqrt{5}}$$

é um número natural mesmo que α e $\sqrt{5}$ sejam números irracionais.

Exercício 1.6. Seja uma sequência (P_n) dada por

$$P_1 = 1 \text{ e } P_{n+1} = \frac{1}{n+1}\sum_{i=1}^{n} P_i,$$

para todo número natural $n > 1$. Determine qual é o valor de P_{2025}.

Exercício 1.7. Seja a sequência $(M_n)_{n\in\mathbb{N}}$, tal que

$$M_n = n(n^2 - 1)(3n + 2).$$

Mostre que todos os termos de (M_n) são múltiplos de 24.

Exercício 1.8. O $n-$ésimo termo de uma sequência é

$$j_n = 1 + 2 + 3 + \cdots + (n-1) + n + (n-1) + \cdots + 3 + 2 + 1.$$

Ou seja,

$$j_n = n + 2\sum_{k=1}^{n-1} k.$$

Determine uma expressão fechada em n para j_n.

Exercício 1.9 (Números quadrangulares). Um professor apresenta os 4 primeiros termos da sequência dos números quadrangulares (Q_1, Q_2, Q_3 e Q_4) e pede aos seus alunos que procurem padrões para essa sequência.

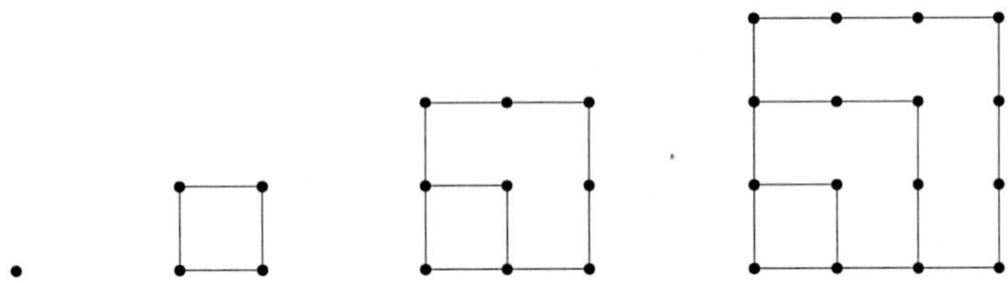

$Q_1 = 1$ $Q_2 = 4$ $Q_3 = 9$ $Q_4 = 16$

A seguir, o professor pede que os alunos apontem o que eles perceberam. Joãozinho diz que que cada termo é basicamente o quadrado do índice do termo da sequência. Paulinho, por sua vez, afirma que enésimo termo da sequência nada mais é do que a soma dos n primeiros números ímpares. Justifique matematicamente qual dos alunos está certo sobre os termos da sequência.

Dentre tantas sequências possíveis[6], há dois tipos que se destacam pela facilidade de identificá-las e, por isso, recebem nomes especiais: Progressão Aritmética (PA) e Progressão Geométrica (PG).

Muitas vezes, em problemas de Matemática Financeira, essas sequências aparecem e suas propriedades podem ser utilizadas com o intuito de minimizar o trabalho necessário na resolução dos mesmos. Por isso, antes de partirmos para os problemas de Matemática Financeira, iremos abordar tais propriedades.

1.2 Progressões Aritméticas

Dentre todas as sequências numéricas, existem algumas que seguem um padrão bem interessante com relação à sequência de seus termos. De modo mais específico, com relação à subtração entre dois quaisquer de seus termos consecutivos.

Pudemos observar no Exemplo 1.2, em que tratamos do valor de uma corrida de táxi, que, na ocasião, sendo (a_i) a sequência que indica o valor da corrida em que foram percorridos i km (ao considerar i um número natural), vale a expressão

$$a_i = 8 + 4 \cdot i$$

nos dando com uma certa facilidade o valor da corrida para qualquer valor $i \in \mathbb{N}$.

Além de um fato complementar com relação à subtração entre

[6]Há muitas. Há tantas sequências infinitas quanto são os números reais.

dois termos consecutivos. Vejamos

$$\begin{aligned} a_{i+1} - a_i &= [8 + 4 \cdot (i+1)] - (8 + 4 \cdot i) \\ &= (8 + 4 \cdot i) + 4 - (8 + 4 \cdot i) \\ &= 4. \end{aligned}$$

Assim, a diferença entre os valores de duas corridas que a distância difere apenas por um quilômetro (sendo o maior menos o menor) será sempre constante e igual a 4.

De modo geral, poderíamos modelar um problema desse da seguinte maneira: pondo b como sendo o valor da bandeirada, v o valor do quilômetro rodado e sendo a_i o valor de uma corrida, vale a seguinte relação

$$a_i = b + v \cdot i.$$

Fazendo um processo análogo, chegamos a

$$\begin{aligned} a_{i+1} - a_i &= [b + v \cdot (i+1)] - (b + v \cdot i) \\ &= (b + v \cdot i) + v - (b + v \cdot i) \\ &= v. \end{aligned}$$

Novamente, um valor constante (igual ao valor do quilômetro rodado pelo táxi). Esse tipo de sequência, em que a diferença entre termos consecutivos é constante, é bem comum no cotidiano e na matemática de forma geral. Por isso, essas sequências numéricas recebem um nome especial: progressões aritméticas.

Definição 1.1 (Progressões Aritméticas). As sequências numéricas (a_i), cuja diferença entre dois termos consecutivos quaisquer é sempre constante e igual a $r \in \mathbb{R}$ recebe o nome de progressão aritmética (PA) e a constante r recebe o nome de razão da PA. Assim, (a_i) é uma PA se, e somente se,

$$a_{i+1} - a_i = r$$

para todo i pertencente ao domínio[a] da sequência.

[a] Geralmente, o domínio da sequência é o conjunto $\mathbb{N}$.

Vejamos a seguir um exemplo bem simples em que as progressões aritméticas estão presentes, mas que, às vezes, não nos damos conta.

Exemplo 1.5 (Os números naturais). Já vimos exemplos de sequência que cumpre com os requisitos para ser chamada de PA. Porém, o exemplo mais simples de progressão aritmética é dado pelo conjunto dos números naturais dispostos em ordem crescente.
Com efeito, pondo $a_i = i$ para todo $i \in \mathbb{N}$, vemos que (a_i) varre os números naturais um após o outro em ordem crescente. Além disso,

$$a_i - a_{i-1} = i - (i - 1) = 1 \text{ (constante)}$$

nos dando que (a_i) é uma PA de razão $r = 1$.

Dada a relação entre os termos da PA com a razão da mesma, vale observar que, pela tricotomia, há três possibilidades para r:

(1) $r < 0$, nos dando

$$a_i = a_{i-1} + r < a_{i-1} \therefore a_i < a_{i-1}$$

ou seja, a sequência (a_i) é decrescente.

(2) $r = 0$, nos dando

$$a_i = a_{i-1} + r = a_{i-1} \therefore a_i = a_{i-1}$$

ou seja, a sequência (a_i) é constante.

(3) $r > 0$, nos dando

$$a_i = a_{i-1} + r > a_{i-1} \therefore a_i > a_{i-1}$$

ou seja, a sequência (a_i) é crescente.

Podemos notar que se uma sequência for uma progressão aritmética, a mesma será monótona (crescente, constante ou decrescente e só vale uma dessas possibilidades por vez, a depender do valor da razão) sem que haja a possibilidade de que seus termos oscilem com essa relação. Ou seja, se ao considerar dois termos consecutivos a_{i+1} e a_i, tivermos

$$a_{i+1} > a_i,$$

então, para qualquer valor de n no domínio da progressão, valerá

$$a_{n+1} > a_n.$$

1.2.1 O termo geral de uma PA

Para as progressões aritméticas, assim como no problema do táxi, podemos encontrar uma fórmula geral para o $i-$ésimo termo.

Vejamos, supondo que (a_i) seja uma PA de razão r, vale

$$\begin{aligned} a_2 - a_1 &= r \\ a_3 - a_2 &= r \\ a_4 - a_3 &= r \\ &\vdots \\ a_{i-1} - a_{i-2} &= r \\ a_i - a_{i-1} &= r. \end{aligned}$$

Somando as $i-1$ equações membro a membro, restaria

$$\begin{aligned} \sum_{k=2}^{i} a_k - \sum_{k=1}^{i-1} a_k = (i-1)\cdot r \quad &\Rightarrow \quad a_i - a_1 = (i-1)\cdot r \\ &\Rightarrow \quad a_i = a_1 + (i-1)\cdot r \end{aligned}$$

Com isso, podemos deduzir que a fórmula para determinar o $i-$ésimo termo de uma PA de razão r cujo primeiro termo é a_1 é dada por

$$a_i = a_1 + (i-1)\cdot r. \tag{1.1}$$

Algumas progressões aritméticas podem começar no termo de ordem 0, ou seja, o primeiro termo da sequência (a_i), pode ser a_0. Ainda assim, podemos utilizar o mesmo processo para mostrar que, se a PA começa em a_0, a fórmula é dada por

$$a_i = a_0 + i \cdot r.$$

Vejamos um exemplo de uma imediata aplicação do termo geral de uma progressão aritmética.

Exemplo 1.6. Sendo (a_i) uma PA de razão $r = 5$, cujo primeiro termo é $a_1 = -7$, podemos determinar o vigésimo termo dessa PA. De fato,

$$a_{20} = a_1 + (20 - 1) \cdot 5 = -7 + 19 \cdot 5 = 88.$$

De modo mais geral para o termo que será tomado como "ponto de partida", sendo (a_i) uma PA de razão r, pela Fórmula (1.1), temos

$$a_i - a_k = [a_1 + (i - 1) \cdot r] - [a_1 + (k - 1) \cdot r]$$

reorganizando os termos, temos

$$a_i = a_k + (i - k) \cdot r.$$

Observe que há um padrão bem definido no valor que multiplica a razão da PA. Sendo tal valor igual à distância (com o sinal) entre os índices dos termos. Ou seja,

$$a_i - a_k = (i - k) \cdot r \tag{1.2}$$

No exemplo a seguir, trataremos sobre a possibilidade de três números reais poderem ser termos de alguma progressão aritmética. Com isso, veremos que nem sempre é possível que três termos quaisquer estejam em PA.

Exemplo 1.7 (Números que não estão em uma PA). Mostre que $\sqrt{1}$, $\sqrt{2}$ e $\sqrt{3}$ não são termos de uma mesma progressão aritmética.

Solução. Supondo, por redução ao absurdo, que $a_n = 1$, $a_j = \sqrt{2}$ e $a_p = \sqrt{3}$, com $n, j, p \in \mathbb{N}$, sejam termos de uma PA, cuja razão seja $r \in \mathbb{N}$. A primeira coisa que vemos é que $\sqrt{2} > 1$. Nos dando que a PA não pode ser constante. Consequentemente, $r \neq 0$.

Pela Fórmula (1.2), temos

$$\begin{aligned} \sqrt{2} - 1 &= a_j - a_n = (j - n) \cdot r, \\ \sqrt{3} - 1 &= a_p - a_n = (p - n) \cdot r. \end{aligned}$$

Como $r \neq 0$, nos resta que

$$\frac{\sqrt{3} - 1}{\sqrt{2} - 1} = \frac{j - n}{p - n}.$$

Como

$$\frac{j - n}{p - n} \in \mathbb{Q},$$

pois opera apenas números naturais e $p \neq n$, por $a_p \neq a_n$, chegamos a

$$A = \frac{\sqrt{3} - 1}{\sqrt{2} - 1} \in \mathbb{Q},$$

de modo que

$$\begin{aligned}\mathbb{Q} \ni A &= \frac{\sqrt{3}-1}{\sqrt{2}-1}\\ &= \frac{\sqrt{3}-1}{\sqrt{2}-1}\cdot\frac{\sqrt{2}+1}{\sqrt{2}+1}\\ &= \sqrt{6}+\sqrt{3}-\sqrt{2}+1\end{aligned}$$

Nos dando que, $\sqrt{6}+\sqrt{3}-\sqrt{2}+1 \in \mathbb{Q}$. Consequentemente, $q = \sqrt{6}+\sqrt{3}-\sqrt{2} \in \mathbb{Q}$. Operando algumas manipulações algébricas, temos

$$\begin{aligned}q+\sqrt{2} = \sqrt{6}+\sqrt{3} &\Rightarrow q^2+2q\sqrt{2}+2 = 9+6\sqrt{2}\\ &\Rightarrow \sqrt{2}\cdot(6-2q) = q^2-7.\end{aligned}$$

Nos dando o produto da multiplicação de um número racional com um número irracional igual a um número racional, veja

$$\overbrace{\sqrt{2}}^{\notin\mathbb{Q}}\cdot\underbrace{(6-2q)}_{\in\mathbb{Q}} = \underbrace{q^2-7}_{\in\mathbb{Q}}$$

e isso somente é verdade se os números racionais forem iguais a zero. Ou seja,

$$\begin{cases}6-2q=0\\ q^2-7=0.\end{cases}$$

Porém, uma equação contradiz a outra.

Com efeito, se fosse $6-2q=0$, teríamos $q=3$ (até aí nada

absurdo), porém substituindo esse valor de q em $q^2 - 7 = 0$, seria verdade que

$$3^2 - 7 = 0 \therefore 2 = 0$$

um absurdo.

Restando que os números $\sqrt{1}$, $\sqrt{2}$ e $\sqrt{3}$ não podem ser termos (consecutivos ou não) de uma progressão aritmética.

$\diamond$

Para saber mais sobre números racionais e sobre números irracionais, recomendamos a leitura do livro (FIGUEIREDO, 2011).

A Fórmula (1.2) também nos ajuda a entender a nomenclatura atribuída a essa sequência. Vejamos, tomando três termos consecutivos de uma PA (a_i) de razão r, temos $a_{n-1} = a_n - r$, a_n e $a_{n+1} = a_n + r$. De modo que,

$$a_n = \frac{a_{n-1} + a_{n+1}}{2}.$$

Ou seja, a_n é igual à média aritmética[7] dos termos a_{n-1} e a_{n+1}.

1.2.2 A soma dos termos de uma PA

Começaremos essa subseção apresentando um exemplo interessante de que, às vezes, olhar os problemas de uma maneira diferente da que foi apresentada pode nos poupar muito tempo e trabalho árduo.

[7]Essa propriedade também pode ser generalizada. Veja o Exercício 1.26.

Exemplo 1.8 (O "pequeno" Gauss). Há uma lenda que fala que quando o Gauss (Carl Friedrich Gauss, também conhecido por alguns como o maior matemático de todos os tempos) era criança e estava numa aula de um professor ranzinza recebeu a tarefa de calcular a soma de todos os números naturais de 1 a 100. Sendo essa tarefa proposta pelo professor como forma de manter a turma quieta, porém, pouco tempo depois de receber a tarefa hercúlea, para surpresa do professor, Gauss apontou como resposta o valor 5050. O professor, agora, incrédulo questionou o brilhante aluno sobre como ele teria chegado a tal valor. Gauss apontou que percebeu o seguinte padrão

$$1 + 100 = 101,\ 2 + 99 = 101,\ 3 + 98 = 101,\ \ldots,\ 50 + 51 = 101$$

como temos 50 pares, o resultado buscado só poderia ser

$$5050 = 50 \cdot 101 = \frac{100}{2} \cdot (1 + 100).$$

Brilhante!

O que é mais interessante essa história sendo ela verdadeira ou não, é que esse padrão também vale para quantidades maiores. Vejamos, temos duas possibilidades para a quantidade de termos a serem somados.

A saber, como a quantidade que estamos considerando é um número natural, o mesmo só pode ser um número par (como no caso do Gauss) ou um número ímpar (onde precisaremos de uma pequena adaptação para seguir de modo análogo ao outro caso).

(1) O número de termos somados é par. Teremos

$$\begin{aligned} 1+n &= n+1, \\ 2+(n-1) &= n+1, \\ 3+(n-2) &= n+1, \\ &\vdots \\ \frac{n}{2}+\left(\frac{n}{2}+1\right) &= n+1 \end{aligned}$$

que somando membro a membro as $\frac{n}{2}$ igualdades, temos

$$\sum_{i=1}^{n} i = 1+2+3+\cdots+(n-1)+n = \frac{n}{2}\cdot(n+1).$$

(2) O número de termos da PA é ímpar. Teremos

$$\begin{aligned} 1+n &= n+1, \\ 2+(n-1) &= n+1, \\ &\vdots \\ \frac{n-1}{2}+\left(\frac{n+1}{2}+1\right) &= n+1 \end{aligned}$$

Após considerar esses $\frac{n-1}{2}$ pares, ainda ficaria faltando o termo central que é igual a

$$\frac{n-1}{2}+1=\frac{n+1}{2}.$$

Podemos concluir que, somando membro a membro as $\frac{n-1}{2}$ igualdades e adicionando o valor do termo central a essa soma, vale o seguinte

$$\begin{aligned}\sum_{i=1}^{n} i &= 1+2+\cdots+\frac{n+1}{2}+\cdots+(n-1)+n \\ &= \frac{n-1}{2}\cdot(n+1)+\frac{n+1}{2} \\ &= \frac{n+1}{2}\cdot(n-1)+\frac{n+1}{2} \\ &= \frac{n+1}{2}\cdot[(n-1)+1] \\ &= \frac{n}{2}\cdot(n+1).\end{aligned}$$

Desse modo, a soma dos n primeiros números naturais (sendo n um número par ou um número ímpar) é dada por

$$\sum_{i=1}^{n} i = \frac{n(n+1)}{2} \tag{1.3}$$

Com a Fórmula (1.3), poderíamos facilmente escapar do enfadonho trabalho de somar números consecutivos que comecem no número 1.

Na verdade, podemos determinar a soma de qualquer quantidade de números naturais consecutivos. Vejamos

Pondo T_k como sendo a soma dos números naturais a partir do 1 até o k, a soma dos números naturais de a até b, com $a, b \in \mathbb{N}$ e $a \leq b$, seria

$$\sum_{j=a}^{b} j = \left(\sum_{j=1}^{b} j\right) - \left(\sum_{j=1}^{a-1} j\right) = T_b - T_{a-1}.$$

Um fato interessante sobre os números da forma T_k é que eles recebem o nome de números triangulares.

Temos a seguir uma representação gráfica para os cinco primeiros[8] números triangulares.

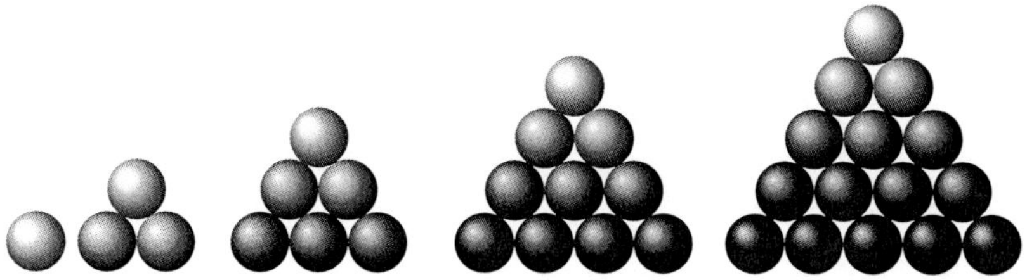

T_1 T_2 T_3 T_4 T_5

Pelo padrão visual, é intuitivo pensar que o triângulo da $k-$ésima figura terá k linhas de bolas sendo que cada linha terá um dos números naturais do 1 ao k em ordem crescente e, por isso, surge a relação entre a quantidade de bolas e os números T_k.

Vale reforçar que, pela relação de T_k com a soma dos k primeiros números naturais, vale a fórmula

$$T_k = \frac{k(k+1)}{2}.$$

Agora, temos ferramentas suficientes para enunciar e demonstrar uma propriedade para a soma dos n primeiros termos de uma PA. Vejamos

[8]ao desconsiderar o zero como um possível número triangular.

Teorema 1.1 (Soma de termos de uma PA). A soma dos n primeiros termos de uma progressão aritmética (a_i), cujo primeiro termo é a_1 e cuja razão é $r \in \mathbb{R}$, é dada por

$$a_1 + a_2 + a_3 + \cdots + a_n = \frac{n \cdot (a_1 + a_n)}{2} \tag{1.4}$$

Demonstração. Pondo

$$s_n = a_1 + a_2 + \cdots + a_n.$$

Pela Fórmula (1.1), temos

$$\begin{aligned}
s_n &= \sum_{k=1}^{n} a_k \\
&= \sum_{k=1}^{n} [a_1 + (k-1) \cdot r] \\
&= \sum_{k=1}^{n} a_1 + r \left(\sum_{k=1}^{n} k - \sum_{k=1}^{n} 1 \right) \\
&= n \cdot a_1 + r \left[\frac{n(n+1)}{2} - n \right] \\
&= \frac{2n \cdot a_1 + n(n-1) \cdot r}{2} \\
&= \frac{n \cdot \{a_1 + \overbrace{[a_1 + (n-1) \cdot r]}^{a_n}\}}{2} \\
&= \frac{n \cdot (a_1 + a_n)}{2}
\end{aligned}$$

Chegando, assim, ao resultado desejado. □

É interessante notar que, pelo Exercício 1.26, se a quantidade de termos de uma PA a serem somados for ímpar, podemos simplificar o trabalho de determinar a soma ao reduzir a fórmula a

$$\sum_{k=1}^{n} a_k = n \cdot a_{\frac{n+1}{2}}$$

sendo (a_i) uma PA.

Exemplo 1.9. Encontre a soma dos valores da sequência a seguir.

$$(-8, -5, -2, 1, 4, 7, 10, 13, 16, 19, 22, 25, 28)$$

Solução. Podemos observar que os treze termos da sequência apresentada estão em uma PA de razão $r = 3$, de modo que a soma pode ser encontrada multiplicando o termo central (o sétimo termo) pela quantidade de termos (13).

Logo, a soma dos termos da progressão aritmética dada no enunciado do exemplo deve ser igual a

$$13 \cdot 10 = 130.$$

Observe que não foi preciso somar termo a termo.

◇

Exercícios

Exercício 1.10. Determine os dez primeiros termos de uma PA, cuja razão vale $r = -2$ e cujo primeiro termo é $a_1 = -2$. Em seguida, determine a soma desses dez termos.

Exercício 1.11. Mostre que se (a_i) é uma PA, então

$$(b_i) = (r \cdot a_i + s) \text{ com } r, s \in \mathbb{R},$$

também é uma PA.

Exercício 1.12. Mostre que se (a, b, c) é uma PA, então

$$(a^2bc, ab^2c, abc^2)$$

também é uma PA.

Exercício 1.13. Quantos múltiplos de 7 há entre 435 e 1994?

Exercício 1.14. Qual é a soma dos múltiplos de 11 que estão entre 314 e 3141?

Exercício 1.15. Qual é o dobro da média aritmética dos números pares que estão entre os números 1 e 2025?

Exercício 1.16. Determine a razão de uma PA na qual valem: $a_1 + a_{21} = 200$ e $a_{10} = 90$.

Exercício 1.17. Sabendo que a soma dos n primeiros termos de uma sequência numérica é dada por

$$S_n = 2n^2 - n,$$

determine se essa sequência é uma PA e, em caso de afirmativo, determine sua razão.

Exercício 1.18. Observe a progressão a seguir:

$$-9, -5, -1, \ldots$$

Sabendo que tal progressão é uma PA, determine

(a) a razão da PA.

(b) uma lei de formação para os termos da PA.

(c) o trigésimo termo da PA.

(d) uma fórmula para a soma dos n primeiros termos da PA.

(e) A soma dos 100 primeiros termos da PA.

Exercício 1.19. Determine o valor de $x \in \mathbb{R}$ para que a sequência $(3x, 2x + 8, 5x - 4)$ seja uma PA.

Exercício 1.20. Sabendo que os ângulos internos de um triângulo estão em uma PA, determine o valor da soma entre o maior e o menor ângulo.

Exercício 1.21 (UnB)**.** Se os comprimentos dos lados de um triângulo retângulo formam uma PA e o seu perímetro é de 24 cm, então seus lados medem?

Exercício 1.22 (Fuvest 2022 - Adaptada)**.** Uma empresa construiu um poço para armazenar água de reuso. O custo para construir o primeiro metro foi R$ 1.000,00, e cada novo metro custou R$ 200,00 a mais do que o imediatamente anterior. Se o custo total da construção foi de R$ 48.600,00, determine a profundidade do poço.

Exercício 1.23 (ITA - 2019)**.** A cada aniversário, seu bolo tem uma quantidade de velas igual à sua idade. As velas são vendidas em pacotes com 12 unidades e todo ano é comprado apenas um novo pacote. As velas remanescentes são guardadas para os anos seguintes, desde o seu primeiro aniversário. Qual a sua idade, em anos, no primeiro ano em que as velas serão insuficientes?

Exercício 1.24. Ao adicionar x termos entre 1 e x^2, temos que todos esses termos estão em uma mesma PA de razão r. Sabendo que $x \neq -1$, determine r em função de x.

Exercício 1.25. Dada a sequência (a_i), tal que

$$A = \frac{a_n - a_j}{a_n - a_p} \notin \mathbb{Q}, \text{ para } n, j, p \in \mathbb{N} \text{ e } n < j < p.$$

Mostre que (a_i) não pode ser uma progressão aritmética. Em seguida, faça o que se pede.

(a) Use esse fato para mostrar que 0, 1 e $\sqrt{p}$, em que p é um número primo, não pertencem a uma mesma PA.

(b) Determine se existe ou não um número irracional x, tal que os números 0, 1 e x pertençam a uma mesma PA.

Exercício 1.26. Sejam

$$a_1, a_2, a_3, \ldots, a_n$$

termos de uma PA de razão r.

(a) Mostre que, sendo n um número ímpar, vale

$$a_{\frac{n+1}{2}} = \frac{a_1 + a_n}{2},$$

em que $a_{\frac{n+1}{2}}$ representa o termo central dos termos listados da sequência.

(b) Generalize o resultado do item anterior mostrando que, se $j + p = n + 1$, vale

$$a_j + a_p = a_1 + a_n.$$

Exercício 1.27. Seja $(a_i)_{i\in\mathbb{N}}$ uma PA de razão r. Sejam também $(b_k)_{k\in\mathbb{N}}$ e $(c_k)_{k\in\mathbb{N}}$ sequências, tais que $b_k = a_{2k}$ e $c_k = a_{2k-1}$. Mostre que (b_k) e (c_k) são ambas progressões aritméticas de razão igual a $2r$.

Exercício 1.28. Interpolar (inserir) m meios aritméticos entre os números A e B significa formar uma PA de $m+2$ termos cujo primeiro termo é A e o último termo é B. Interpole

(a) doze meios aritméticos entre 2 e 100;

(b) k termos aritméticos entre 1 e k^2, com $k \geq 2$.

Exercício 1.29. Encontre todos os termos comuns das PAs

$$(2, 15, 28, 41, \ldots) \text{ e } (7, 12, 17, 22, \ldots).$$

Exercício 1.30. Uma soma finita de (pelo menos dois) inteiros ímpares e consecutivos é igual a 125. Encontre esses números.

1.3 Progressões Geométricas

Para completar nosso conjunto de sequências especiais, temos mais uma sequência cujas propriedades serão de grande importância no decorrer do texto para a comprovação de algumas propriedades que serão de grande importância.

Para as progressões aritméticas temos que a diferença de um termo, a partir do segundo termo, por seu termo imediatamente anterior é sempre constante. Tal propriedade se assemelha com o que definiremos a seguir na Definição 1.2, apenas trocando a diferença entre os termos pelo quociente de termos consecutivos. Vejamos

Definição 1.2 (Progressão Geométrica (PG)). As sequências numéricas (b_i) cujo quociente entre dois termos consecutivos quaisquer é sempre constante e igual a $q \in \mathbb{R}$ recebe o nome de progressão geométrica (PG) e a constante q recebe o nome de razão da PG.
Assim, (b_i) é uma PG se, e somente se,

$$\frac{b_{i+1}}{b_i} = q$$

para todo i pertencente ao domínio[a] da sequência.

[a]Pode acontecer de o domínio da sequência ser o conjunto $\mathbb{N}$.

Podemos notar que a sequência constante com seus termos iguais a zero não está inclusa na definição apresentada para PG, pois a divisão por zero não pode acontecer ao considerar o conjunto dos números reais e seus subconjuntos.

Porém, há muitas situações em que consideraremos uma PG a sequência em que vale

$$b_{i+1} = q \cdot b_i, \forall i \in A_n{}^9.$$

Para a qual, se $b_i \neq 0$, equivale à definição apresentada para a PG.

Desse modo, pode surgir uma dúvida sobre se a sequência (b_i), com $b_n = 0$, para algum $n \in \mathbb{N}^*$, pode ou não ser considerada uma PG.

Essa dúvida é interessante e há dois pontos que podemos discutir antes de decidir se a sequência nula (ou qualquer sequência que tenha algum termo igual a zero) pode ou não ser considerada uma PG.

(a) Sabemos que $\frac{b_{n+1}}{b_n} = \frac{0}{0}$ é uma indeterminação, isso é um problema para a razão da possível PG.

(b) Se usássemos a opção de identificar a PG por meio de um produto, teríamos, novamente, uma indeterminação (para a razão), pois se $b_n = 0$ e $b_{n+1} = 0$, a igualdade $b_{n+1} = q \cdot b_n$ valeria para qualquer valor de $q \in \mathbb{R}$.

Desse modo, mesmo que certas propriedades das progressões geométricas também sejam válidas para alguns desses casos, por conveniência teórica, não iremos considerar as sequências que possuem algum termo igual a zero como sendo uma PG.

[9] Fixamos A_n como sendo o domínio da sequência

Exemplo 1.10 (As potências de um número real). Seja $p \in \mathbb{R}^*$, temos que a lista das n primeiras potências inteiras de p são

$$(1, p, p^2, \ldots, p^{n-1})$$

Pondo $b_i = p^i$, como $p \neq 0$, temos

$$\frac{b_{i+1}}{b_i} = \frac{p^{i+1}}{p^i} = \frac{p \cdot p^i}{p^i} = p.$$

Desse modo, essa sequência é uma progressão geométrica de razão igual a p.

Dada a relação entre os termos de (b_i), sendo uma PG, com a razão da mesma igual a $q \in \mathbb{R}^*$, podemos observar que há quatro possibilidades para q que valem a pena serem discutidos:

(1) $0 < q < 1$, nos dando

$$b_i = q \cdot b_{i-1} < b_{i-1} \therefore b_i < b_{i-1}.$$

De modo que, a sequência (b_i) é decrescente.

(2) $q = 1$, nos dando

$$b_i = q \cdot b_{i-1} = b_{i-1} \therefore b_i = b_{i-1}.$$

Restando que, a sequência (b_i) é constante.

(3) $q > 1$, nos dando

$$b_i = q \cdot b_{i-1} > b_{i-1} \therefore b_i > b_{i-1}.$$

Garantindo que, nesse caso, a sequência (b_i) é decrescente.

(4) $q < 0$, nos dando que os termos sequência mudarão de sinal sempre que passarmos de um termo para seu sucessor. Por isso, nesse caso, a sequência (b_i) recebe o nome de PG alternada.

Exemplo 1.11. Considerando as sequências

$$\begin{aligned}(a_i) &= (1, 1, 1, 1, 1, 1)\\(b_i) &= (1, 1/2, 1/4, 1/8, 1/16, 1/32)\\(c_i) &= (1, 3, 9, 27, 81)\\(d_i) &= (1, -1, 1, -1, 1, -1)\end{aligned}$$

Temos que: (a_i) é uma PG constante de razão $q_a = 1$; (b_i) é PG uma decrescente de razão $0 < q_b = 1/2 < 1$; (c_i) é uma PG crescente de razão $q_c = 3 > 1$ e (d_i) é uma PG alternada de razão $q_d = -1$.

1.3.1 O termo geral de uma PG

Assim como manipulamos os termos da PA para determinar uma fórmula com a qual fosse possível encontrar qualquer termo sabendo apenas o primeiro termo e a razão, também podemos agir de modo semelhante para determinar uma expressão desse tipo para um termo genérico da PG.

Vejamos, seja (b_i) uma PG de razão $q \in \mathbb{R}^*$ e de primeiro termo b_1, temos

$$\frac{b_2}{b_1} = q, \ \frac{b_3}{b_2} = q, \ \frac{b_4}{b_3} = q, \ \ldots, \ \frac{b_{i-1}}{b_{i-2}} = q, \ \frac{b_i}{b_{i-1}} = q$$

Multiplicando as $i - 1$ equações membro a membro, restaria

$$\frac{b_i}{b_1} = \frac{b_2}{b_1} \cdot \frac{b_3}{b_2} \cdot \frac{b_4}{b_3} \cdot \ldots \cdot \frac{b_{i-1}}{b_{i-2}} \cdot \frac{b_i}{b_{i-1}} = q^{i-1} \quad \Rightarrow \quad \frac{b_i}{b_1} = q^{i-1}$$
$$\Rightarrow \quad b_i = b_1 \cdot q^{i-1}$$

Com isso, podemos deduzir que a fórmula para determinar o $i-$ésimo termo de uma PG de razão q cujo primeiro termo é b_1 é dada por

$$b_i = b_1 \cdot q^{i-1}. \tag{1.5}$$

Utilizando o mesmo processo, pode-se mostrar que, se a PG começa em b_0, a fórmula ficaria

$$b_i = b_0 \cdot q^i. \tag{1.6}$$

Exemplo 1.12. Sendo (b_i) uma PG de razão $q = -1/2$ e cujo primeiro termo é $a_1 = -1024$, podemos determinar o décimo termo dessa PG. De fato,

$$b_{10} = b_1 \cdot q^{10-1} = -1024 \cdot \left(-\frac{1}{2}\right)^9 = -2^{10} \cdot (-2^{-9}) = 2.$$

De modo que, o décimo termo da PG é $b_{10} = 2$.

Assim como aconteceu com a PA, o termo utilizando como ponto de partida na Fórmula (1.6) pode ser qualquer termo. Sendo a nova fórmula dada por

$$b_i = b_k \cdot q^{i-k}. \tag{1.7}$$

Exemplo 1.13. Certo tipo de bactéria se multiplica tão depressa que a área que cobre em sua placa de Petri dobra a cada dez minutos. Uma bactéria foi colocada em uma placa de Petri e a placa ficou completamente coberta por bactérias em exatamente cinco horas. Quanto tempo vai levar para a placa ficar completamente coberta se começarmos com duas bactérias?

Solução. Esse problema trata de uma sequência que é uma PG. Uma vez que a quantidade de bactérias dobra a cada t =10 min (consideremos como uma unidade de tempo), temos que a razão da PG é $q = 2$. Um caminho possível seria descobrir quantas unidades de tempo foram necessárias (em 5 h = $30t$) para preencher a placa. Assim, a capacidade da placa é de $C = 1 \cdot 2^{30-1} = 2^{29}$.

Agora, se a quantidade de bactérias começa em 2 e as demais condições forem mantidas, temos que

$$C = 2 \cdot 2^{n-1} \Rightarrow 2^{29} = 2^n \Rightarrow n = 29.$$

Ou seja, seriam necessárias 29 unidades de 10 min cada. Assim, o tempo necessário para preencher a placa de Petri, ao começar com duas bactérias, é de 4 h 50 min.

◇

Para o Exemplo 1.13, um aluno poderia seguir um caminho totalmente diferente, porém válido. Poderia ser observado que se começamos com duas bactérias é o mesmo que começar a nossa sequência não com $t = 0$, mas com $t = 1$. Ou seja, a única diferença é que "pulamos um degrau" e não precisamos mais de 30 unidades (5 h), e sim de apenas 29 unidades, que é uma unidade de tempo a menos. Portanto, o tempo necessário seria 5 h - 10 min que é o mesmo de 4 h 50 min.

É interessante citar que a progressão geométrica recebe esse nome por seus termos estarem ligados à média geométrica.

Teorema 1.2. Seja $(b_i)_{i \in A_n}$ uma sequência numérica de termos positivos. Temos que (b_i) é uma PG se, e somente se,

$$b_n = \sqrt{b_{n-1} \cdot b_{n+1}}, \forall n \geq 2.$$

Demonstração. Inicialmente, sendo (b_i) uma PG, pela Fórmula 1.5, temos

$$\begin{aligned}
\sqrt{b_{n-1} \cdot b_{n+1}} &= \sqrt{(b_1 \cdot q^{n-2}) \cdot (b_1 \cdot q^n)} \\
&= \sqrt{b_1^2 \cdot q^{2n-2}} \\
&= \sqrt{(\underbrace{b_1 \cdot q^{n-1}}_{>0})^2} \\
&= b_1 \cdot q^{n-1} \\
&= b_n
\end{aligned}$$

Nos dando que, $\sqrt{b_{n-1} \cdot b_{n+1}} = b_n$.

Reciprocamente, supondo que vale $b_n = \sqrt{b_{n-1} \cdot b_{n+1}}, \forall n \geq 2$. Temos que

$$b_n^2 = b_{n-1} \cdot b_{n+1} \Rightarrow \frac{b_n}{b_{n-1}} = \frac{b_{n+1}}{b_n}.$$

Ou seja, nesse caso, o quociente entre dois termos consecutivos da sequência será sempre constante e isso é o que caracteriza uma progressão geométrica.

□

Exemplo 1.14 (Três termos consecutivos em PA-PG). É possível que três termos consecutivos de uma PA também possam ser três termos consecutivos de uma PG?

Solução. Supondo que nos termos sejam três termos consecutivos de uma PA de razão r. Assim, existiria um $x \in \mathbb{R}$ de tal maneira que poderíamos representar esses três termos como na lista

$$(x - r, x, x + r).$$

Agora, supondo que esses termos também são termos consecutivos de uma PG, teríamos

$$\underbrace{x^2}_{b_i} = \underbrace{(x - r)}_{b_{i-1}} \cdot \underbrace{(x + r)}_{b_{i+1}} \Rightarrow x^2 = x^2 - r^2 \Rightarrow r = 0.$$

De modo que, a única possibilidade para que três termos consecutivos de uma PA: $(x - r, x, x + r)$, também sejam termos consecutivos de uma PG é se eles forem iguais. Logo, a resposta para a pergunta inicial é que é possível. ◇

1.3.2 A soma dos termos de uma PG

Começaremos esse tópico com um exemplo que trata de uma história de um rei que não sabia matemática e, por isso, fez uma promessa impossível de cumprir.

Exemplo 1.15 (A promessa impossível de um rei). Rezam as lendas que um rei que conquistou muitas batalhas andava triste por não encontrar um desafio a sua altura nas guerras travadas contra os reinos vizinhos.

Para tentar acabar com sua tristeza, o rei prometeu realizar qualquer desejo da pessoa que o apresentasse um desafio que fosse digno de seu empenho.

Um dia, um simples artesão, que perdeu seu filho em uma das batalhas do rei, criou um jogo que simulava uma batalha para que não fosse preciso travar guerras nos campos de lutas corporais. Esse jogo deveria ser jogado em um tabuleiro quadricular de 8×8 quadrados (64 casas), sendo dividido em dois grupos de 16 peças (cada grupo seria um exército).

Ele apresentou as regras ao rei e avisou que o objetivo principal do jogo seria capturar o rei do grupo adversário sem que eles capturem o seu rei. A esse jogo, ele o chamou de xadrez.

O rei adorou a proposta e chamou o artesão para jogar algumas partidas (perdendo todas). Foi então que surgiu um novo problema, o artesão ainda tomado pela tristeza de ter perdido o filho na guerra, não quis escolher o pedido prometido pelo rei. Porém, o rei não aceitou tal recusa muito bem e forçou o artesão a escolher algo com o que ele pudesse pagá-lo pelo jogo.

> Sem escolha, o artesão solicitou que o rei desse um grão de trigo pela primeira casa do tabuleiro, dois grãos pela segunda casa, quatro grãos pela terceira casa e assim sucessivamente.
>
> O rei bem que estranhou por parecer um pedido ínfimo (grãos de trigo) por algo tão interessante (o jogo de xadrez), mas disse que aceitaria o pedido do artesão e solicitou que seus sábios determinassem quantos sacos de trigos seriam necessários para pagar a promessa.
>
> Alguns dias após o pedido, os sábios do rei determinaram que tal pedido não poderia ser atendido uma vez que a soma solicitada pelo artesão era de uma quantidade tão exorbitante que todos os grãos de trigos de toda a história até aquele momento não seriam suficientes.
>
> O fim da história é que o artesão acaba liberando o rei da promessa e findou aceitando o cargo de sábio na corte do rei como seu principal matemático.

Não é muito difícil determinar o número exato de grãos solicitados pelo artesão.

Devemos observar que a quantidade de grãos para cada casa dobra de uma casa para outra. Ou seja, estamos lidando com uma PG de razão $q = 2$, cujo primeiro termo é $b_1 = 1$.

Assim,

$$T = \sum_{k=1}^{64} b_k = 1 + 2 + 2^2 + 2^3 + \cdots + 2^{63}.$$

De modo que,

$$2T = 2 \cdot (1 + 2 + 2^2 + 2^3 + \cdots + 2^{63}) = \underbrace{2 + 2^2 + 2^3 + \cdots + 2^{63}}_{T-1} + 2^{64}$$

nos dando,

$$T = 2^{64} - 1$$

um número com 20 dígitos[10].

Para se ter noção do tamanho dessa quantidade, T segundos é aproximadamente igual a 130 vezes a idade do sol ou ainda igual a 585 bilhões de ano.

A seguir, faremos uso do método utilizado ao determinar o valor exato da soma que representava a quantidade T de grãos de trigos, para determinar uma fórmula que possibilitará encontrar a soma dos n primeiros termos de uma progressão geométrica sabendo apenas o primeiro termo e a razão da mesma.

Teorema 1.3 (Soma de termos de uma PG)**.** A soma dos n primeiros termos de uma progressão geométrica (b_i), cujo primeiro termo é b_1 e cuja razão é $q \in \mathbb{R}^*$, com $q \neq 1$, é dada por

$$b_1 + b_2 + b_3 + \cdots + b_n = b_1 \cdot \frac{1 - q^n}{1 - q} \tag{1.8}$$

Demonstração. Pondo $T = b_1 + b_2 + b_3 + \cdots + b_n$, temos que

$$q \cdot T = q \cdot (b_1 + b_2 + b_3 + \cdots + b_n) = \underbrace{b_2 + b_3 + \cdots + b_n}_{T - b_1} + q \cdot b_n.$$

[10] 18.446.744.073.709.551.615

Assim,

$$\begin{aligned} qT = T - b_1 + q \cdot b_n &\Rightarrow (1-q) \cdot T = b_1 - q \cdot b_n \\ &\Rightarrow T = \frac{b_1 - q \cdot b_n}{1-q} \\ &\Rightarrow T = \frac{b_1 - q \cdot (b_1 \cdot q^{n-1})}{1-q} \\ &\Rightarrow T = b_1 \cdot \frac{1-q^n}{1-q}. \end{aligned}$$

Chegando assim ao resultado buscado.

□

Para o caso em que $q = 1$, já vimos que a sequência é constante. Assim,

$$b_1 + b_2 + \cdots + b_n = n \cdot b_1.$$

Além disso, se estivermos fazendo uso de uma PG infinita (que possui infinitos termos), podemos resumir a fórmula da soma dos n primeiros termos a

$$b_1 + b_2 + \cdots + b_n = \frac{b_{n+1} - b_1}{q - 1}.$$

Exercícios

Exercício 1.31. Escreva os seis primeiros termos de uma PG, cuja razão é $q = 2^{-1}$ e o primeiro termo é $b_1 = 256$.

Exercício 1.32. Simplifique

$$\frac{2+4+8+\cdots+2^n+\cdots+1024}{4+16+64+\cdots+4^n+\cdots+1024}.$$

Exercício 1.33. Mostre que se (b_i) é uma PG de termos não nulos, então $(p_i) = \left(r \cdot b_i^k\right)$, com $r, k \in \mathbb{R}$ e $r \neq 0$ fixados, também é uma PG.

Exercício 1.34. Há 10 anos o preço de certa mercadoria era de $1+x$ reais. Há 5 anos era de $13+x$ reais e hoje é $49+x$ reais. Sabendo que tal aumento deu-se em progressão geométrica e de 5 em 5 anos, determine o valor dessa mercadoria daqui a 10 anos se esse padrão for mantido.

Exercício 1.35. Uma bola elástica cai de uma altura h, em metros, elevando-se, em cada batida no mesmo lugar, a uma altura igual a $\frac{3}{4}$ da que caiu anteriormente. Calcule o espaço percorrido pela bola até bater no solo pela sexta vez.

Exercício 1.36. A soma dos dez primeiros termos de uma PG de razão 4 é igual a $(2^{20} - 1)/6$. Determine o quarto termo dessa PG.

Exercício 1.37. Sejam a e b números reais positivos, tais que a, $2b$ e $2(a+b)$, nessa ordem, formam uma progressão aritmética e b^{10}, 6^6 e b^2, nessa ordem, formam uma progressão geométrica, determine o valor de $a + b$.

Exercício 1.38. Seja (b_i) uma PG de razão $q \neq 0$ e cujo primeiro termo é $b_1 \in \mathbb{R}$. Mostre que o produto resultante da multiplicação dos $n + 1$ primeiros termos dessa PG é dado por

$$p_{n+1} = \prod_{k=1}^{n+1} b_k = b_1^{n+1} \cdot q^{T_n}, \text{ com } T_n = \frac{n(n+1)}{2}.$$

Exercício 1.39. Sabendo que $a_1 = 1, a_2, \ldots, a_n$, nessa ordem, formam uma progressão aritmética de razão

$$r = \frac{1 + 3^n}{3^n(1 - n)}$$

e pondo

$$A = \sum_{i=1}^{n} a_i \text{ e } B = \sum_{i=1}^{n} 3^{-n},$$

determine o valor de $\dfrac{A}{B}$.

Exercício 1.40. A sequência de números reais $(a_n)_{n\in\mathbb{N}}$ é tal que

$$\frac{2}{1+a_1}+\frac{4}{1+a_2}+\frac{6}{1+a_3}+\cdots+\frac{2n}{1+a_n}=x$$

$$\frac{a_1}{1+a_1}+\frac{2a_2}{1+a_2}+\frac{3a_3}{1+a_3}+\cdots+\frac{na_n}{1+a_n}=y.$$

Qual das alternativas a seguir é verdadeira? Justifique matematicamente.

a) (a_n) é uma progressão aritmética não constante.

b) (a_n) é uma progressão geométrica não constante.

c) (a_n) é constante.

d) $\frac{x}{2}+y=n(n+1)$.

e) $x+2y=n(n+1)$.

1.4 Sequências Infinitas

Ao tratar de sequências infinitas (aquelas que o domínio é $\mathbb{N}$), surge a noção de limite. Tal noção aborda a possibilidade dos termos de uma sequência, a partir de um certo índice, ficarem tão próximos de um certo valor fixado quanto se queira.

Em símbolos matemáticos, seria o questionamento de que dado $\varepsilon > 0$, ser possível determinar $n_0 \in \mathbb{N}$ (chamado de ponto de partida) tal que para todo $n \in \mathbb{N}$, com $n > n_0$, valer

$$|x_n - L| < \varepsilon$$

ou, equivalentemente,

$$L - \varepsilon < x_n < L + \varepsilon$$

Disso surge a Definição 1.3 a seguir.

Definição 1.3 (Limite de uma Sequência Infinita)**.** Seja $(x_n)_{n \in \mathbb{N}}$ uma sequência numérica. Dizemos que a sequência (x_n) converge para $L \in \mathbb{R}$ quando para todo $\varepsilon > 0$ existir um índice $n_0 \in \mathbb{N}$, tal que para todo $n > n_0$, vale a desigualdade

$$|x_n - L| < \varepsilon.$$

Denotamos $\lim x_n = L$ para representar que sequência (x_n) converge para L.

Observação. Não faz sentido falar de limite de uma sequência finita.

Para os casos em que não existe um $L \in \mathbb{R}$ para o qual valem as condições da Definição 1.3, dizemos que a sequência é divergente.

Exemplo 1.16 (Uma sequência convergente). Considerando a sequência infinita (x_n), com $x_n = 1/n$, temos que $\lim x_n = 0$. Com efeito, tomando $n_0 > 1/\varepsilon$, temos que para $n \in \mathbb{N}$, com $n > n_0$, vale

$$\left|\frac{1}{n} - 0\right| = \frac{1}{n} < \frac{1}{n_0} < \varepsilon \therefore |x_n - 0| < \varepsilon.$$

Pela Definição 1.3, vale $\lim x_n = 0$.

Podemos observar que os valores para $x_n = \frac{1}{n}$ ficam cada vez mais próximos de zero tanto quanto maior for o n.

Graficamente, temos

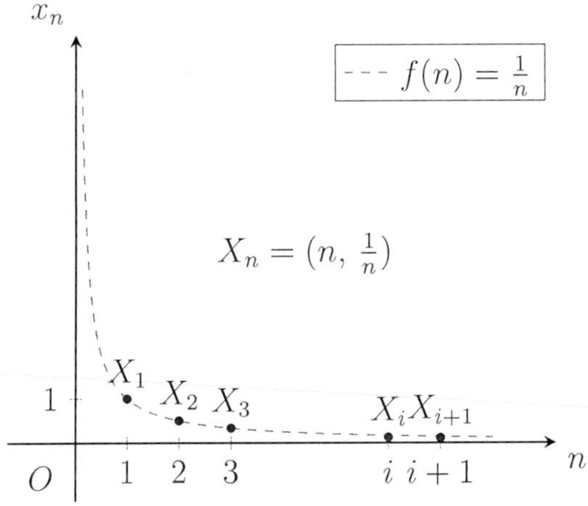

Outro exemplo interessante de sequência convergente é a sequência constante. Vejamos

Exemplo 1.17 (A sequência constante). Considerando a sequência infinita (x_n), com $x_n = c$, com $c \in \mathbb{R}$, temos que $\lim x_n = c$. De fato, tomando $n_0 \in \mathbb{N}$, temos que para todo $n \in \mathbb{N}$, com $n > n_0$, vale para todo $\varepsilon > 0$ que

$$|x_n - c| = |c - c| = 0 < \varepsilon \therefore |x_n - c| < \varepsilon.$$

Pela Definição 1.3, vale $\lim x_n = c$.

Teorema 1.4 (Propriedades básicas de limites). Sejam (x_n) e (y_n) sequências infinitas. Se $\lim x_n = a$ e $\lim y_n = b$, então $\lim(x_n + y_n) = a + b$ e, para $k \in \mathbb{R}$, $\lim k \cdot x_n = k \cdot a$.

Demonstração. Começaremos mostrando que $\lim k \cdot x_n = k \cdot \lim x_n$. Como, por hipótese, estamos supondo que $\lim x_n = a$, então para todo $\varepsilon > 0$ fixado existe $n_0 \in \mathbb{N}$, tal que $|x_n - a| < \varepsilon/|k|$ para todo $n \in \mathbb{N}$ e $k \neq 0$, com $n > n_0$. Desse modo, para $n > n_0$, temos

$$|k \cdot x_n - k \cdot a| = |k(x_n - a)| = |k| \cdot |x_n - a| < |k| \cdot \frac{\varepsilon}{|k|} < \varepsilon$$

que, pela Definição 1.3, garante que $\lim k \cdot x_n = k \cdot a$ se $k \neq 0$.

Para $k = 0$, temos que $p_n = k \cdot x_n = 0$. Ou seja, (p_n) é uma sequência constante de termos iguais a 0. Assim,

$$k \cdot \lim x_n = 0 \cdot \lim x_n = 0 = \lim k \cdot x_n.$$

O que finaliza a primeira parte.

Por fim, para o limite da soma, temos

$$\lim x_n = a \Leftrightarrow (\forall\varepsilon > 0, \exists n_0 \in \mathbb{N}; n > n_0 \Rightarrow |x_n - a| < \varepsilon/2)$$

$$\lim y_n = b \Leftrightarrow (\forall\varepsilon > 0, \exists n_1 \in \mathbb{N}; n > n_1 \Rightarrow |y_n - b| < \varepsilon/2)$$

De modo que, tomando $n_2 = \max\{n_1, n_0\}$, teremos que se $n > n_2$ implica $n > n_0$, $n > n_1$ e

$$\begin{aligned} |(x_n + y_n) - (a + b)| &= |(x_n - a) + (y_n - b)| \\ &\leq |x_n - a| + |y_n - b| \\ &< \frac{\varepsilon}{2} + \frac{\varepsilon}{2} = \varepsilon \end{aligned}$$

Portanto, fixando $\varepsilon > 0$ e tomando $n_2 = \max\{n_0, n_1\}$, temos

$$|(x_n + y_n) - (a + b)| < \varepsilon$$

que, pela Definição 1.3, vale

$$\lim(x_n + y_n) = a + b.$$

Concluindo o que foi solicitado no teorema. □

Calcular limites apoiados apenas a Definição 1.3 é um trabalho de maneira geral bem árduo. Por isso, faz-se necessárias as propriedades de limites de sequências como a que veremos a seguir.

Teorema 1.5. Seja $(x_n)_{n\in\mathbb{N}}$ uma sequência de termos não nulos. Se $\lim \frac{|a_{n+1}|}{|a_n|} = c < 1$, então $\lim x_n = 0$.

Uma possibilidade de demonstração é utilizando o resultado do Exercício 1.45.

Exemplo 1.18 (PG infinita). Pela Fórmula de uma PG de razão $q \in \mathbb{R}$ de primeiro termo b_1, temos $b_n = b_1 \cdot q^{n-1}$. Podemos observar que para $q > 1$ ou $q < -1$, a sequência $(b_n)_{n\in\mathbb{N}} = (b_1 \cdot q^{n-1})_{n\in\mathbb{N}}$ não é limitada. Desse modo, pelo Exercício 1.49, temos que a (b_n) não é convergente para esses casos.
Por outro lado, se $|q| < 1$ e $q \neq 0$ (excluímos esse último caso das progressões geométricas), temos

$$\lim \frac{|b_{n+1}|}{|b_n|} = \lim \left|\frac{b_{n+1}}{b_n}\right| = \lim |q| = |q| < 1$$

pelo Teorema 1.5, temos que $\lim b_n = 0$ sempre que (b_n) for uma PG de razão $q \in \mathbb{R}$, com $|q| < 1$ e $q \neq 0$.

Desse modo, pelo Exemplo 1.18, toda PG, cuja razão é um número não nulo entre -1 e 1, tem seus termos tão próximos de zero tanto quanto forem maiores os índices dos termos.

Exemplo 1.19. Para sequência (b_i), com $b_1 = 2$ e $b_n = \frac{b_{n-1}}{2}$, temos que seus primeiros termos são

$$\left(\frac{1}{2}, \frac{1}{4}, \frac{1}{8}, \frac{1}{16}, \frac{1}{32}, \ldots\right)$$

e que quanto maior o índice, mais próximo de zero fica o termo.

Além disso,

$$\lim b_n = \lim(1/2^n) = 0.$$

Pois, a razão dessa PG é $q = 1/2$.

Outra possibilidade é calcular a soma de uma quantidade muito grande (infinita) de termos de uma PG de razão $q \in \mathbb{R}$, com $|q| < 1$ e $q \neq 0$.

Vale salientar que a soma é uma operação inicialmente pensada para somar dois números reais. A soma de uma quantidade "infinita" não faria sentido para a operação de soma usual como a conhecemos.

Entretanto, ao tratar dessa soma como sendo de uma quantidade muito grande (e fazendo a quantidade tender ao infinito), estamos preocupados não em determinar um valor exato para a soma, pois nem sempre isso é possível, mas sim em determinar uma estimativa para a qual o erro seja muito pequeno (que seria o $\varepsilon > 0$) ao desconsiderar alguns (mesmo que infinitos) termos.

Exemplo 1.20 (Soma de infinitos termos de uma PG). Considerando a sequência (b_i) como uma PG de razão $q \in \mathbb{R}$, com $|q| < 1$ e $q \neq 0$, cujo primeiro termo é b_1, temos que a soma infinita de seus termos pode ser vista como um limite de uma sequência (s_n) em que

$$s_n = b_1 + b_2 + \cdots + b_n.$$

De modo que,

$$\begin{aligned}\sum_{k=1}^{+\infty} b_k &= \lim \sum_{k=1}^{n} b_k \\ &= \lim b_1 \cdot \frac{1-q^n}{1-q} \\ &= \lim b_1 \left(\frac{1}{1-q} - \frac{1}{1-q} \cdot q^n\right) \\ &= b_1 \left(\frac{1}{1-q} - \frac{1}{1-q} \cdot \underbrace{\lim q^n}_{=0}\right) \\ &= \frac{b_1}{1-q}.\end{aligned}$$

Portanto, a soma de infinitos termos de uma PG de razão q, com $|q| < 1$ e $q \neq 0$, é simplesmente

$$S = \frac{b_1}{1-q}.$$

Isso nos mostra que ao somar os infinitos (uma quantidade muito grande) dessa PG, o resultado é tão próximo de S quanto se queira.

Exemplo 1.21 (Soma dos termos de uma PG de razão 1/2). Considerando a sequência do Exemplo 1.19, podemos considerar que cada termo como a área de um retângulo A_n cuja base mede uma unidade de medida e a altura é igual a b_n unidade de medida. Desse modo, temos que a soma infinita $S = \sum_{k=1}^{+\infty} b_i$ seria igual a somar todas as áreas dos retângulos A_n.

Observe o gráfico a seguir.

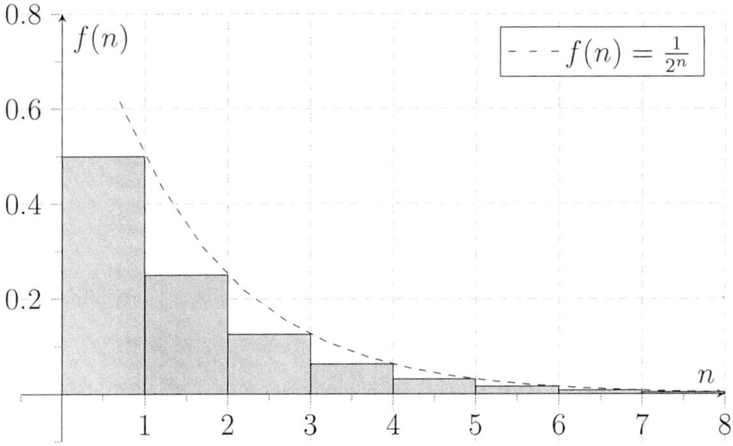

Mesmo que essa soma possa parecer ilimitada, vemos que quanto maior for o n, menor será o valor numérico da área de A_n. De qualquer modo, como a razão dessa PG é $q = \frac{1}{2}$, podemos usar o resultado encontrado no Exemplo 1.20 para determinar o valor da soma dos infinitos termos da PG ou, de modo equivalente, da soma de todos os retângulos A_n.

Vejamos

$$\sum_{k=1}^{+\infty} A_k = \frac{b_1}{1-q} = \frac{\frac{1}{2}}{1-\frac{1}{2}} = 2.$$

Considerando $s_n = \sum_{k=1}^{n} A_k$, podemos observar que (s_n) é uma sequência crescente e vale $\lim s_n = 2$. Isso nos mostra que a soma das áreas dos retângulos nunca será igual a duas unidades de área mesmo que tal soma se aproxime desse valor tanto quanto se queira.

Não são raros os exemplos de professores que aceitam a igualdade

$$\frac{1}{3} = 0,333...$$

sem muito esforço, mas quando, de modo equivalente, é proposto que

$$0,999... = 1$$

ficam perplexos meio a algo aparentemente absurdo.

Geralmente, isso se dá por acharmos que os números decimais têm apenas uma representação decimal e isso não é verdade.

Vejamos, que ao considerar $1/3 = 0,333...$ poderíamos chegar facilmente a $1 = 0,999...$ realizando uma "simples" multiplicação[11] por três em cada membro da igualdade.

Além disso, podemos observar que para qualquer $\varepsilon > 0$, temos

$$|1 - 0,999...| < \varepsilon$$

Bastando tomar tantas casas decimais em $0,999...$ quantas forem necessárias.

Podemos tomar um caminho mais formal e reescrever o número $0,999...$ como a soma dos termos de sequências infinitas e, com isso, poderíamos observar que

$$0,999... = 0,9 + 0,09 + \cdots + \underbrace{0,0\ldots09}_{n \text{ zeros}} + \cdots$$

[11]Realmente podemos realizar tal operação?

de modo que, tomando a sequência (b_i), com

$$b_n = \underbrace{0,0\ldots09}_{n \text{ zeros}} = 9 \cdot 10^{-n}$$

temos que (b_i) é uma PG de razão $q = 10^{-1} = 0,1 < 1$ e $b_1 = 0,9$. Logo,

$$0,999... = \sum_{n=1}^{+\infty} b_n = \frac{b_1}{1-q} = \frac{0,9}{1-0,1} = 1.$$

Isso nos garante que, realmente,

$$0,999... = 1.$$

Devemos ter em mente que a soma de infinitos, se não tratada de forma correta, pode gerar alguns absurdos.

Por exemplo, ao considerar uma PG cujo primeiro termo é $b_1 = 1$ e razão é $q = 2$, poderíamos escrever a soma dos seus infinitos termos como sendo

$$S = 1 + 2 + 4 + 8 + 16 + \cdots$$

Com alguma, manipulações (nem todas válidas[12]), temos

$$\begin{aligned} S = 1 + 2 + 4 + 8 + 16 + \cdots \quad &\Rightarrow \quad 2S = \underbrace{2 + 4 + 8 + 16 + \cdots}_{S-1} \\ &\Rightarrow \quad 2S = S - 1 \\ &\Rightarrow \quad S = -1 \end{aligned}$$

[12]Tente encontrar qual manipulação não é válida.

Claramente, esse resultado é absurdo (tente encontrar onde está o erro). Pois, tomando $s_n = \sum_{k=1}^{n} b_k$, temos que

$$s_{n+1} = s_n + 2^{n+1} > s_n \Rightarrow s_{n+1} > s_n.$$

Portanto, (s_n) é uma sequência crescente. De modo que,

$$s_n > s_1 = 1$$

para todo $n > 1$. Pelo Exercício 1.46, nos resta que

$$S = \lim s_n \geq \lim 1 = 1 \therefore S \geq 1.$$

Mais do que isso, pode-se mostrar que S é tão grande quanto se queira (não é um valor finito).

A teoria que trata sobre essas somas de infinitos termos de uma sequência numérica e de sua convergência para algum valor real é chamada de *séries numéricas* e para uma abordagem mais formal sugerimos a leitura de (SOUZA, 2024).

Para finalizar o capítulo sugerimos alguns exercícios que têm como foco reforçar e complementar o que foi tratado até aqui.

Exercícios

Exercício 1.41. Considere uma PG (b_i), em que $b_1 = x$, $b_2 = \frac{2x^2}{5}$ e a soma de seus infinitos termos é igual a 3. Ou seja,

$$x + \frac{2x^2}{5} + \frac{4x^3}{25} + \cdots = 3.$$

Determine o valor de x.

Exercício 1.42. Divide-se um segmento de comprimento k em três partes iguais e retira-se a parte central; para cada um dos segmentos repete-se o processo, retirando-se suas partes centrais e assim sucessivamente. Determine a soma dos comprimentos retirados.

Exercício 1.43. Uma sequência numérica é caracterizada por seus termos, a partir do terceiro, serem a média aritmética dos dois imediatamente anteriores a esse. Ou seja, sendo (p_i) essa sequência, vale

$$p_{n+2} = \frac{p_{n+1} + p_n}{2}, \forall n \in \mathbb{N}.$$

Fixando $p_1 = a$ e $p_2 = b$, encontre $p \in \mathbb{R}$ e $n_0 \in \mathbb{N}$, tais que para qualquer $\epsilon > 0$ vale $|p_n - p| < \epsilon$ para todo índice $n \in \mathbb{N}$ com $n > n_0$.[a]

[a]Em termos de limites de sequências numéricas, isso é o mesmo que dizer que $\lim p_n = p$. Para saber mais sobre limites de sequências infinitas, veja (SOUZA, 2024) ou (LIMA, 2022).

Exercício 1.44. O lado de um triângulo equilátero mede 3 cm. Unindo os pontos médios de seus lados, obtém-se um novo triângulo equilátero. Unindo os pontos médios dos lados do novo triângulo, obtém-se um novo triângulo equilátero, e assim sucessivamente. Determine a soma dos perímetros de todos os infinitos triângulos equiláteros gerados nesse processo.

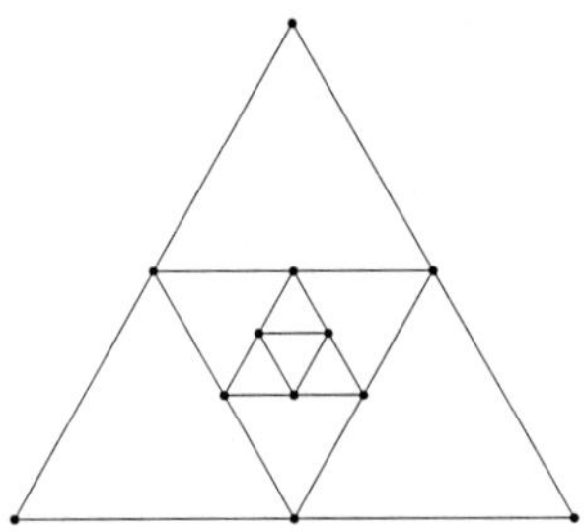

Exercício 1.45. Sejam $(x_n)_{n\in\mathbb{N}}$ e $(y_n)_{n\in\mathbb{N}}$ sequências convergentes, respectivamente, para $A \in \mathbb{R}$ e $B \in \mathbb{R}$. Supondo que exista $n_0 \in \mathbb{N}$, tal que para todo $n \in \mathbb{N}$, com $n > n_0$, seja válida a desigualdade $x_n \leq y_n$. Mostre que, $A \leq B$.

Exercício 1.46. Utilize o Exercício 1.45 para provar que, se $(x_n)_{n\in\mathbb{N}}$ é uma sequência de termos não nulos, com

$$\lim \frac{|x_{n+1}|}{|x_n|} = c < 1,$$

vale $\lim x_n = 0$.

Exercício 1.47. A sequência (a_n) é uma PA não constante de números reais não nulos.

(a) Prove que a série $\sum_{k=1}^{+\infty} \frac{1}{a_k \cdot a_{k+1}}$ converge e calcule sua soma.

(b) Mostre que $\sum_{k=1}^{+\infty} \frac{1}{a_k}$ diverge se $a_k > 0$ para todo $k \in \mathbb{N}$.

Exercício 1.48. O gráfico a seguir sugere que a soma infinita

$$S = \frac{1}{4} + \frac{1}{4^2} + \frac{1}{4^3} + \cdots + \frac{1}{4^n} + \cdots$$

tem como limite o valor $1/3$.

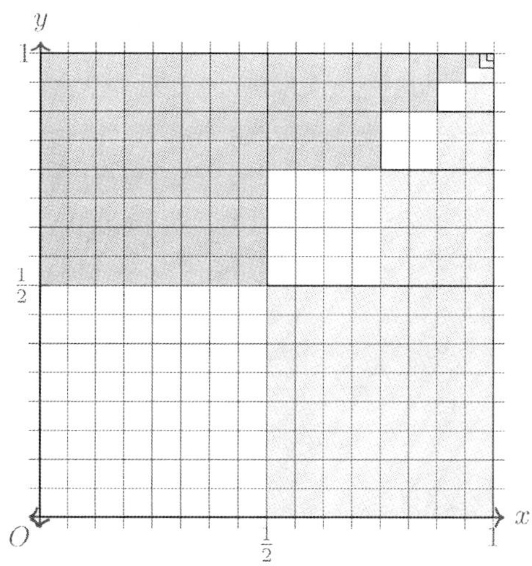

Justifique como podemos relacionar a figura à série de S e utilize a fórmula da soma dos infinitos termos de uma PG para mostrar que, realmente, tem-se $S = 1/3$.

Exercício 1.49. Mostre que toda sequência convergente é limitada.

Exercício 1.50 (Teorema de Bolzano)**.** Mostre que toda sequência monótona e limitada é convergente.

Exercício 1.51 (Número de Euler)**.** Mostre que a sequência (b_n), com $b_n = \sum_{k=0}^{n} \frac{1}{k!}$, é convergente. Ou seja, mostre que existe um número real e (chamado de Número de Euler), tal que $e = \lim b_n$.

Exercício 1.52 (Número de Euler)**.** Mostre que a sequência (c_n), com $c_n = \left(1 + \frac{1}{n}\right)^n$ e $n \in \mathbb{N}^*$, é convergente. Conclua que: $\lim c_n = e$ (o Número de Euler como no Exercício 1.51).

CAPÍTULO

SISTEMAS DE CAPITALIZAÇÃO

2

As matemáticas têm invenções sutilíssimas e servirão de muito, não apenas para satisfazer os curiosos como para tornar mais fáceis todas as artes e diminuir o trabalhos dos homens.

René Descartes

O conhecimento sobre a Matemática Financeira é relevante para uma sociedade em constante evolução, por buscar entender como esta funciona, de que maneira evoluiu seja em aspectos econômicos, sociais ou culturais, fez surgir naturalmente as primeiras ideias relacionadas ao que conhecemos sobre investimentos e noções de organização para uma vida financeira saudável, justificando-se ainda pelo entendimento da relação que existe entre tempo e dinheiro.

De forma simplista, podemos dizer que os estudos relacionados à temática em questão resumem-se basicamente em deslocar quantias no tempo, perceber que ao considerar/entender que uma quantia hoje, não tem o mesmo valor daqui a um determinado período de tempo.

Em uma tentativa de entender como surge a Matemática Financeira em meio a povos providos de poucas ferramentas teóricas, devemos perceber que existem vários tipos de descobertas.

Há muitos que dizem que a roda ou o fogo foram as descobertas mais importantes da humanidade, mas nenhum dos dois foi descoberto em um sentido fiel da palavra descobrir. Formas circulares e o fogo sempre existiram e estavam acessíveis à humanidade. O que foi feito com esses e que consideramos como descoberta é o domínio do mesmo para situações em que nos são bem úteis.

Por exemplo, é fácil observar que uma roda de um carro com um formato de um quadrado não é nada viável para transitar com conforto na maioria dos tipos de estrada. Porém, as rodas com formatos circulares se saem muito bem nessa atividade e, por isso, adotamos seu uso.

É importante notar que esse primeiro tipo de descoberta está mais associado a uma adequação ao uso do mesmo. Ele já existe. Apenas o adicionamos a uma atividade diferente a que estávamos acostumados.

Há um segundo conjunto de descobertas que são um pouco mais autorais. Vejamos, quando os seres humanos deixaram de lado suas características nômades, começaram a cuidar de rebanhos e os animais desses rebanhos precisaram pastar para fazer exercícios físicos e ter uma alimentação mais adequada. O pastor que cuidava de um rebanho precisava garantir que todos os animais que saíram para pastar retornaram ao final do dia. Contudo, como ele poderia garantir isso?

Reza a lenda que os pastores começaram a cavar buracos e adicionar uma pedra para cada animal que saísse. Assim, ao final do dia, o pastor iria tirar uma pedra do buraco a cada animal que retornasse do pasto. Se no final do dia tivesse exatamente nenhuma pedra no buraco, todos os animais retornaram e, se sobrasse ou faltasse pedra, o pastar estava com um problema.

Essa necessidade de cuidar de um rebanho é uma das possibilidade para a criação dos números naturais[1], que surge verdadeiramente como uma invenção do que uma adaptação ao uso. Sendo interessante citar que a palavra cálculo vem do Latim *calculus* que significa pedrinha ou conta.

Quanto mais eram usados buracos e pedras para contar, mais se entendia a necessidade de um novo objeto para facilitar a execução da tarefa de verificação da manutenção do rebanho.

Disso, surgem os números. Números esses que são apenas representações de ideias e quantidade. Por exemplo, o que é o dois? Se você parar para pensar um pouco, verá que essa pergunta

[1] Primeiro conjunto numérico a ser considerado.

é bem filosófica e que a resposta não é tão simples. O dois é um objeto abstrato que não tem uma forma previamente determinada, é a consequência de uma ideia.

2.1 Um pouco de história

O surgimento da Matemática Financeira pode ser comparada à descoberta/criação dos números, pois surge da necessidade de resolver um novo problema que apareceu ao executarmos uma tarefa.

2.1.1 A necessidade de um negócio

Historicamente, a evolução da Matemática Financeira tem conexão direta com a evolução do comércio, enquanto a sobrevivência de comunidade era garantida pela natureza – seja com relação a colheita da safra ou criação de animais – e estava diretamente associada ao que o grupo era capaz de produzir e consumir em um determinado período, não havia necessidade de regras que norteassem questões envolvendo a troca entre bens de uma comunidade para outra.

É muito difícil que um indivíduo consiga plantar, cuidar dos rebanhos, armazenar líquidos de modo eficiente e que supra suas necessidades durante um longo período de tempo.

É mais fácil que esse indivíduo se junte a uma comunidade e que cada membro dessa comunidade lide com apenas uma dessas tarefas e, no final, haja uma divisão de suprimentos entre eles com o objetivo de que todos tenham o mínimo para sobreviver.

Surge o primeiro questionamento, como deve acontecer essa divisão? É justo que todos da comunidade recebam o mesmo tanto de cada suprimento? E, se não for justo que cada um receba a mesma quantidade, como proceder para realizar uma divisão justa para todos?

Um segundo questionamento surge quando consideramos a possibilidade de uma comunidade não conseguir dar conta de prover todos os tipos de suprimentos que julgam necessários[2].

Devemos realizar trocas com outras comunidades? Hoje sabemos que esse tipo de troca é bem adequado. A comunicação entre os grupos foi se estabelecendo, a troca de mercadoria foi tornando-se habitual e, como não havia preocupação com equivalência de valores, algumas questões práticas foram surgindo à medida que o comércio evoluía.

Foi em busca de solucionar esses problemas cotidianos da sociedade que a Matemática Financeira foi conquistando espaço mesmo antes da criação do dinheiro, onde a troca de mercadoria, o acúmulo de capital e a evolução do comércio eram obstáculos comuns à época.

2.1.2 A origem de um sistema monetário

Sistematizar as regras que orientam como proceder em situações diversas - podemos citar o empréstimo de sementes para um agri-

[2]Isso pode acontecer por vários motivos: falta de pessoal especializado e condições climáticas são os motivos mais óbvios.

cultor que só poderia devolver o que lhe foi emprestado após a colheita - norteiam o que conhecemos como juros.

Pode-se questionar se é prático pagar 60 sacos de arroz com 60 sacos de arroz? Tal trabalho braçal é realmente necessário? Precisamos contar até mil, número por número[3], para saber que temos mil cabeças de gado?

Disso, fez-se necessário a criação de um sistema monetário. Como, por exemplo, as moedas de ouro ou de prata, com as caras de reis e acompanhadas de seus símbolos reais para indicar que cada moeda poderia ter um valor diferente.

Valores diferentes são necessários, pois se cada moeda tivesse o mesmo valor, não seria viável andar com mil moedas de ouro em uma cidade perigosa. Valores esses que devem ser equivalentes aos valores de outros produtos. Facilitando assim as transações financeiras.

Podemos dizer que uma moeda de ouro com a cara do Rei Paulo vale o mesmo que 60 sacos de arroz e mil cabeças de gado e, com isso, não precisaremos ir ao mercado com essa quantidade exorbitante de arroz e gado, bastando a moeda adequada para tal operação.

Assim, surgiu um sistema monetário para orientar quanto cada objeto financeiro (moeda, notas entre outras possibilidade) devem valer, bancos para guardar e "vender" o que consideramos como dinheiro e as moedas.

[3]Como no caso do pastor com as pedrinhas.

Não é difícil de ver uma pessoa com uma nota de R$ 2,00. Quanto será que realmente vale essa nota? Com certeza o governo que a produziu vai querer gastar o mínimo possível na produção.

Por incrível que pareça, estima-se que o custo de produção de cada nota desse valor está em torno dos R$ 0,22. Mas por que que ela vale quase dez vezes mais?

Voltamos à ideia do que é o número 2. A nota representa apenas uma ideia de que você possui o poder de gastar essa quantia que o símbolo representa. É como se fosse um título ao portador (dá o direito de quem o possuir receber aquela quantia de outra pessoa previamente determinada), que é proibido no Brasil.

Vemos assim que os sistemas monetários surgem com o objetivo de orientar e gerenciar as operações entre indivíduos e entre grupos. Sempre com a função de facilitar e tornar possível operações de qualquer magnitude.

2.1.3 Os juros e o dinheiro no tempo

A Matemática Financeira trata, essencialmente, do estudo do valor do dinheiro ao longo do tempo. Por exemplo, considere as seguintes situações:

(1) você pode receber uma quantia de R$ 1.000,00 hoje; ou

(2) você pode receber essa mesma quantia de R$ 1.000,00 daqui a uma mês.

Qual das duas opções você escolheria?

É fácil acreditar que a maioria das pessoas escolheriam receber a quantia o quanto antes, e isso faz com que um mesmo valor antecipado tenda a valer mais do que um mesmo valor *a posteriori*.

Resumindo: de modo geral, receber uma mesma quantia hoje ou no futuro não representam a mesma coisa. Pois, sem outras condições adicionais, receber uma quantia hoje é melhor do que receber essa mesma quantia no futuro (isso pode não ser verdade em algumas situações bem específicas[4]).

Assim, surge a questão: por que deveríamos esperar para receber uma quantia que podemos receber hoje?

Logicamente, deveremos agir de tal maneira se for oferecido algum ganho nessa operação (situação que envolva uma movimentação monetária). É a partir dessa noção que surge a definição de *Juro*.

Definição 2.1 (Juros)**.** Juros é o lucro obtido pelo detentor de um poder aquisitivo (dinheiro) para cedê-lo por um tempo determinado a outrem que dele necessite e aceite os termos do acordo.

O dinheiro disponível para ser emprestado é chamado de *Capital* (C) ou de *Valor Presente da Operação* (PV). Os juros são representados pela letra J e o valor recebido (por quem emprestou a quantia) ou pago (por quem recebeu o empréstimo) é chamado de

[4]Uma possibilidade é no caso de haver deflação nesse período e a quantia foi gasta antes do término do período.

Montante (M) ou de *Valor Futuro da Operação* (FV). Assim, temos a relação

$$FV = PV + J. \tag{2.1}$$

Há algumas variantes da Fórmula (2.1) que podem ser necessárias para resolver problemas diversos em Matemática Financeira. Vejamos

$$PV = FV - J \text{ e } J = FV - PV.$$

Exemplo 2.1. Sabendo que João emprestou R$ 200,00 a Paulo para receber a quantia de R$ 218,00 após o período de dois meses. Determine os juros cobrados nessa operação.

Solução. Dados: $PV = 200,\ FV = 218,\ J = ?$

Como temos a Equação (2.1), vale que

$$\begin{aligned} FV = PV + J \quad &\Rightarrow \quad J = FV - PV \\ &\Rightarrow \quad J = 218 - 200 \\ &\Rightarrow \quad J = 18. \end{aligned}$$

João recebeu a quantia de R$ 18,00 pela cessão dos R$ 200,00 durante os dois meses.

◇

Ainda há a possibilidade de relacionar os juros como uma parte percentual do valor presente da operação. A esse percentual damos o nome de *taxa de juros*, representamos simbolicamente pela letra i e a determinamos fazendo

$$i = \frac{J}{PV} \tag{2.2}$$

Algumas variantes da Fórmula (2.2) são

$$J = i \cdot PV \text{ e } PV = \frac{J}{i}$$

Podemos usar os dados apresentados no Exemplo 2.1 para determinar a taxa de juros naquela operação. Pela Fórmula (2.2), temos

$$i = \frac{J}{PV} \Rightarrow i = \frac{18}{200} = 0,09.$$

Assim, a taxa é $i = 0,09$ ou $i = 9\%$ em um período de dois meses.

A taxa de juros pode aparecer em decimal (partes de uma unidade) ou em porcentagem (partes de cem). O mais comum é que seja dado em porcentagem.

As taxas de juros se referem sempre a uma unidade de tempo. As mais comuns são

- ao dia ou ad;
- ao mês ou am;
- ao bimestre ab;
- ao semestre ou as;
- ao ano ou aa.

Além disso, dizer que a taxa de juros é de 9% em dois meses significa que, após um período de dois meses que o dinheiro foi emprestado, o valor a ser pago deve ser o valor emprestado acrescido de uma parte de 9% do valor emprestado. Em outras palavras (ou em símbolos), temos a relação para um período da operação

$$FV = PV + J \text{ e } J = i \cdot PV \Rightarrow \boxed{FV = PV(1+i)}$$

Sabendo o valor futuro e a taxa de juros referente ao período completo referentes a uma operação, podemos determinar o valor presente dessa operação. Vejamos

$$FV = PV(1+i) \Rightarrow PV = \frac{FV}{1+i}.$$

Exemplo 2.2. Paulo decide emprestar R$ 200,00 durante um período de dois meses a uma taxa de juros de 12% nesse período. Quando Paulo irá receber após o termino desses dois meses caso a operação seja efetivamente concluída?

Solução. $\boxed{\text{Dados:} \qquad PV = 200,\ i = 12\% \text{ ab},\ FV = ?}$

Pelos dados apresentados, temos

$$FV = PV(1+i) \Rightarrow FV = 200(1+0,12) \Rightarrow FV = 224.$$

Desse modo, Paulo deverá receber a quantia de R$ 224,00 após os dois meses.

◇

Exemplo 2.3. Qual é a taxa de juros cobrada em um empréstimo de R$ 3.000,00, resgatado por R$ 3.600,00 após um ano?

Solução. Dados: $PV = 3000,\ FV = 3600,\ i = ?$

Como $J = FV - PV$, temos que $J = 600$. Além disso,

$$i = \frac{J}{PV} = \frac{600}{3000} = 20\% \therefore i = 20\%.$$

Nos restando que, a taxa de juros na operação foi de 20 aa.

◇

Para finalizar os exemplos dessa subseção, apresentaremos uma possibilidade de relacionar o valor presente com o valor futuro de uma operação financeira.

Exemplo 2.4. Paulo recebeu R$ 215,00 ao emprestar uma certa quantia durante o período de dois meses a uma taxa de juros de 7,5% ab. Determine qual foi o valor emprestado por Paulo.

Solução. Dados: $FV = 215,\ i = 7,5\%$ ab, $PV = ?$

Como

$$PV = \frac{FV}{1+i},$$

temos

$$PV = \frac{215}{1 + 0,075} = 200.$$

Nos dando que o valor emprestado foi R$ 200,00.

◇

Podemos observar que o dinheiro pode ser tratado como uma mercadoria como qualquer outra. No Brasil, a loja que trabalha com essa mercadoria é chamada de banco.

Vale salientar que no Brasil uma pessoa física (um cidadão qualquer) pode emprestar dinheiro a outro fazendo uso de uma cobrança adicional (juros). Pois, existe uma modalidade chamada de Sociedade de Empréstimo entre Pessoas (conhecida pela sigla SEP) e a autorização é regulada pelo Conselho Monetário Nacional (CMN), desde abril de 2018 pelas Resoluções 4.656 e 4.657. Para isso, devemos ficar atentos às regras impostas em Lei para que a operação não acabe se configurando um crime.

Por outro lado, situações como as em que os agiotas (pessoas que emprestam dinheiro a juros) emprestam dinheiro e que cobram taxas exorbitantes de mais do que 1% ao mês são proibidas já inicialmente por poderem se encaixar na Lei da Usura (Decreto Nº 22.626, de 7 de abril de 1933, que dispõe sobre os juros nos contratos e dá outras providencias).

Observação. Diferente do que aconteceu nos exemplos apresentados até aqui, as respostas, de modo geral, não são dadas em valores exatos. Fazendo-se necessário fazermos o uso de arrendondamentos. Para isso, iremos seguir as seguintes regras:

(1) para casas decimais maiores do que ou iguais a 5, arredondaremos a casa decimal imediatamente anterior para o próximo valor. Por exemplo,

$$0,7654332 \approx 0,77 \text{ ou } 0,8974 \approx 0,90$$

(2) para casas decimais menores do que ou iguais a 4, não arredondaremos e desconsideraremos as casas decimais a partir dessa. Por exemplo,

$$0,7654332 \approx 0,765 \text{ ou } 0,8974 \approx 0,897$$

O símbolo $\approx$ significa que o número após esse símbolo é aproximadamente o igual ao número que aparece antes do símbolo.

De modo geral, iremos sempre considerar como suficiente em nossos problemas as duas primeiras casas decimais de um número. Com exceção de problemas que busquem determinar a taxa de juros, recomendamos que, nesses casos, sejam consideradas as três ou as quatro primeiras casas decimais.

Exercícios

Exercício 2.1. Sabendo que João emprestou R$ 2.000,00 a Paulo para receber a quantia de R$ 2.100,00 após o período de um ano. Determine os juros cobrados nessa operação.

Exercício 2.2. Paulo decide emprestar R$ 2.000,00 durante um período de um ano a uma taxa de juros de 18% nesse período. Quanto Paulo irá receber após o término desse período?

Exercício 2.3. Qual é a taxa de juros cobrada em um empréstimo de R$ 3.000,00, resgatado por R$ 6.000,00 ao final de um ano?

Exercício 2.4. Paulo recebeu R$ 130,00 ao emprestar uma certa quantia durante um certo período a uma taxa de juros totais de 3,75%. Determine qual foi o valor emprestado por Paulo.

Exercício 2.5. Paulo ganhou R$ 15,00 ao emprestar uma certa quantia durante o período de dois meses a uma taxa de juros de 7,5% ao bimestre. Determine qual foi o valor emprestado por Paulo.

Exercício 2.6. Determine quanto devo pagar por fazer um empréstimo de uma quantia de R$ 2.500,00 durante um período de um ano a uma taxa de 12% aa.

Exercício 2.7. Sabendo que foi paga por um empréstimo a quantia de R$ 3.000,00 e que a taxa de juros totais foi de 20%, determine os juros e o valor emprestado.

Exercício 2.8. João tem uma mercearia e, antes de vender, ele adiciona mais 25% em cima do valor a cada item que ele compra. Paulo que é muito amigo de João pede por um desconto especial de modo que o valor pago por Paulo seja exatamente o mesmo preço pago por João ao comprar a mercadoria. Que porcentagem representa o desconto requerido por Paulo?

Exercício 2.9. Generalize a situação do Exercício 2.8 relacionando a taxa (d) de desconto com a taxa (i) adicionada por João nas mercadorias antes de vender, mostrando que vale

$$d = \frac{i}{1+i}.$$

2.2 Critérios de Capitalização

Uma dúvida natural surge junto ao questionamento do que deve acontecer quando o período do empréstimo não coincidir com o período da taxa. Por exemplo, qual deve ser o valor dos juros de uma operação em que foram emprestados R$ 100,00 a uma taxa de 2% am durante uma período de dois meses?

No primeiro mês (período de capitalização), não deve haver problemas. Aplicamos a taxa ao PV e encontramos os juros necessários na operação. Porém, não é tão simples de determinar o que devemos fazer no segundo mês (período de capitalização).

Para isso, temos a definição a seguir.

Definição 2.2 (Critério de Capitalização). Os *critérios* (também chamados de *regimes*) de capitalização regram como os juros devem ser formados e, sucessivamente, incorporados ao capital inicial no decorrer do período da operação para configurarem o montante.

Vale reforçar que, em qualquer regime de capitalização onde o período da operação coincide com a unidade temporal da taxa de juros, vale

$$FV = PV + J.$$

Os principais regimes de capitalização são: o simples (ou linear) e o composto (ou exponencial). Iremos tratar desses regimes no decorrer do texto.

Em cada regime de capitalização, o montante FV pode ser considerado como uma função, cuja variável independente é o tempo $n \in \mathbb{R}_+$ e a variável dependente é o montante $FV(n) \in \mathbb{R}_+$.

Vale salientar que estamos capitalizando um capital e por isso não faz sentido considerar situações em que $FV < 0$[5].

Pelas propriedades de função, podemos desenhar o gráfico de FV com relação ao tempo n, mas, por enquanto, temos apenas duas certeza: uma é que $FV(0) = PV$, pois ainda não houve capitalização e a outra é que $FV(1) = PV(1 + i)$.

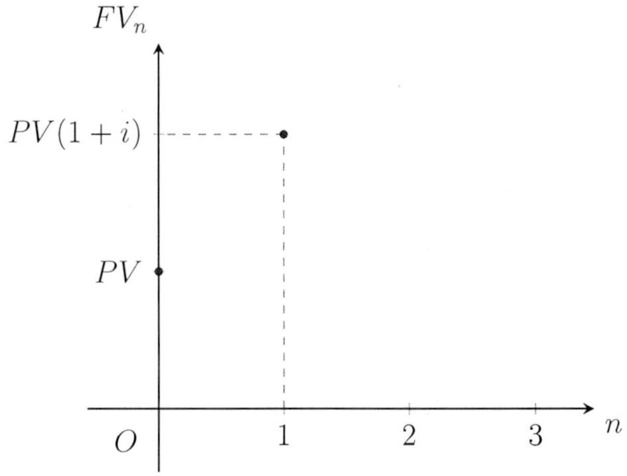

Há muitas maneiras de sair do ponto $(0, PV)$ e chegar ao ponto $(1, PV(1 + i))$ ambos no gráfico de FV. Sendo por meio de uma linha (linear) a maneira mais simples[6].

[5]Faz sentido você pagar a quem pegou dinheiro emprestado com você somente por essa pessoa ter feito esse empréstimo?

[6]Disso surge o nome juros simples.

Observação. Iremos sempre considerar $PV > 0$, pois não haveria o que capitalizar em caso contrário. Para a taxa de juros, de modo geral, teremos $i > -1$ e $i \neq 0$. Sendo considerado como desconto (e não como capitalização) para $-1 < i < 0$. É necessário excluir o caso $i = 0$, pois nesse caso não há capitalização.

Exercícios

Exercício 2.10 (Regime de capitalização genérico). Considere a situação em que os primeiros montantes são dados por $FV_0 = PV$ e $FV_1 = PV(1+i)$. Ou seja, na data 0 o montante é igual ao capital e, na data 1, tem-se $FV = PV + i \cdot PV$, sendo i a taxa de juros para um período de capitalização. Faça o que se pede nos itens a seguir.

(a) Fixe $i > 0$ e escolha uma função $g : \mathbb{R}_+ \to \mathbb{R}_+$ que passe pelos pontos $(0, PV)$ e $(1, PV(1+i))$ para que o gráfico dessa função possa servir como opção ao gráfico de FV. Fixe essa função g para responder os próximos itens.

(b) Com a g escolhida, determine o montante $FV_n = g(n)$.

(c) Pondo J_n como sendo os juros acumulados até a enésima capitalização e $\Delta J_n = J_{n+1} - J_n$. Em seguida, determine os juros obtidos na décima capitalização. Ou seja, determine ΔJ_{10}.

(d) Tente encontrar um padrão entre os juros da operação em cada período de capitalização. Ou seja, há uma regularidade em ΔJ_n?

(e) Determine a taxa de juros totais em função da g previamente escolhida.

(f) Esboce o gráfico de FV em função do tempo n.

2.2.1 Regime de Juros Simples

Um dos regimes de capitalização mais recorrentes ao se estudar Matemática Financeira, consiste em estudar o que acontece com o valor final da operação se o credor (pessoa ou empresa que emprestou o dinheiro) receber os juros a cada período de capitalização.

Um processo equivalente a esse de pagar os juros a cada período de capitalização é considerar que a taxa de juros incide apenas sobre o valor inicial da operação, desconsiderando para tal os juros acumulados durante o período da operação.

Imagine que João emprestou R$ 100,00 a Paulo a uma taxa de 10% am durante um período de cinco meses. Considerando as condições impostas no início dessa subseção, temos que

- na data 0, o saldo devedor é de R$ 100,00;
- na data 1, há a primeira capitalização com o valor dos juros igual a $J = 10\%$ de R$ 100,00. Logo, $J = 10$ e o valor a ser restituído é $FV_1 = 110$ (reais);
- na data 2, o processo age como se tivéssemos reiniciado a conta. Ou seja, os juros serão $J = 10\%$ de R$ 100,00. Porém, Paulo devia R$ 10,00 da primeira capitalização. Assim,

  $$FV_2 = FV_1 + J = 110 + 10 = 120 \text{ (reais);}$$

- na data 3, o processo se repete e teríamos

  $$FV_3 = FV_2 + J = 120 + 10 = 130 \text{ (reais);}$$

Esse processo sugere que o valor futuro de um capital PV após n capitalizações a uma taxa de juros i pode ser representado por $FV_0 = PV$ e $FV_n = FV_{n-1} + i \cdot FV_0$. Resolvendo a recorrência, teríamos:

$$FV_n = PV(1 + i \cdot n).$$

Assim, após os cinco meses em que o valor presente da operação ficou sendo capitalizado à taxa de 10% am, temos $FV_5 = 150$ reais. Com R$ 10,00 de juros para cada mês decorrido na operação.

Graficamente, temos

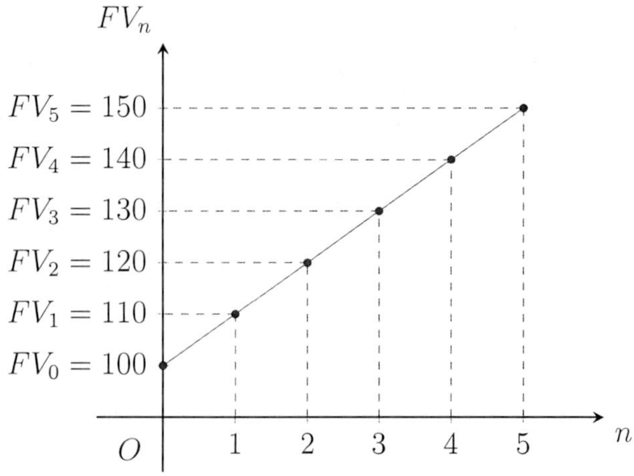

Pelo gráfico, vemos que a curva que representa o FV_n apresenta um crescimento diretamente proporcional aos valores de n. Ou seja, FV_n pode ser representado por uma semirreta que parte do ponto $(0, PV)$ e passa pelo ponto $(1, PV(1 + i))$.

Sendo essa semirreta uma possibilidade de função para a solicitação apresentada no Exercício 2.10.

Mesmo que essa fórmula seja válida para qualquer $n \in \mathbb{R}_+$, devemos formalizar isso matematicamente, pois o processo apresentado consiste apenas de uma dedução a partir de alguns valores previamente fixados. Vamos começar pela definição desse regime de capitalização.

Definição 2.3. O Regime de Juros Simples é caracterizado pelo fato de que apenas o valor principal da operação (PV) é capitalizado ao longo do tempo de aplicação.

Mesmo que o período total da operação e o período de capitalização possam ser incomensuráveis, ou seja, o período total da operação pode ser o período de capitalização vezes um número irracional, por enquanto, iremos nos preocupar apenas com os casos em que a quantidade de capitalizações totais é exatamente um número inteiro de vezes do período de capitalização.

Para simplificar o que foi dito, considere que se tivermos uma taxa de $i\%$ am no período total da operação será um múltiplo de meses (meses, bimestres, semestres, anos *etc*). Isso nos dá que o n (quantidade de capitalizações) será um número natural.

No Teorema 2.2, veremos que a quantidade de capitalizações em um período de aplicação não está restrita apenas aos números naturais.

Após essa breve apresentação e da definição que nos mostra como funciona a capitalização no regime de juros simples, podemos apresentar um teorema que nos apresenta as propriedades básicas (fórmulas) desse primeiro regime de capitalização.

Vale reforçar que, de modo geral, as fórmulas apresentam uma maneira de relacionar uma variável principal (ou incógnita a depender do problema) em função das demais.

Porém, a variável/incógnita principal poderia ser qualquer uma das demais e, quando isso acontecer, basta operar algumas manipulações algébricas para deixar a variável/incógnita em função das outras que foram dadas no problema.

Podemos observar o tratamento dado à fórmula dos juros totais de uma aplicação no Exemplo 2.6 para determinar uma fórmula derivada dessa para encontrar a quantidade de aplicações como exemplo para esse tipo de situação.

Teorema 2.1 (Regime de Juros Simples). No regime de juros simples, um capital inicial (PV) aplicado a uma taxa de juros (i) por um período total de n capitalizações gera um montante

$$FV = PV(1 + i \cdot n). \tag{2.3}$$

Além disso, os juros totais na operação são dados por

$$J_T = PV \cdot i \cdot n. \tag{2.4}$$

Demonstração. Pela Definição 2.3, temos que a cada período de capitalização os juros referentes a esse período é constante e igual a $J = i \cdot PV$. De modo que,

$$FV_n = FV_{n-1} + i \cdot PV$$

de modo equivalente, temos

$$FV_n - FV_{n-1} = i \cdot PV \text{ (constante)}.$$

Ou seja, a sequência FV_n é uma progressão aritmética, cujo primeiro termo é $FV_0 = PV$ e a razão é $J = i \cdot PV$. Pela Fórmula (1.1), temos

$$FV_n = FV_0 + n \cdot J = PV + n \cdot i \cdot PV = PV(1 + i \cdot n)$$

Por transitividade, nos resta que

$$FV_n = PV(1 + i \cdot n).$$

Mostrando que vale a Fórmula (2.3).

Por fim, como os juros totais da operação podem ser dados por $J_T = FV - PV$, temos

$$J_T = PV(1 + i \cdot n) - PV = n \cdot i \cdot PV.$$

Mostrando que vale a Fórmula (2.4). Finalizando as demonstrações que foram solicitadas no teorema.

□

A seguir são apresentadas algumas situações que ajudarão na assimilação das fórmulas do regime de juros simples apresentadas até aqui e no entendimento de como é possível aplicá-las a problemas diversos.

Exemplo 2.5. Determine o valor dos juros correspondentes a um empréstimo de R$ 5000,00 pelo prazo de 12 meses à taxa de 1,5% ao mês.

Solução. Dados: $PV = 5000, n = 12, i = 1,5\%$ am

Pela Fórmula (2.4), temos que

$$J = PV \cdot i \cdot n = 5000 \cdot 12 \cdot 0,015 = 900 \therefore J = 900.$$

De modo que, os juros nessa operação devem ser de R$ 900,00.

◇

Exemplo 2.6. Sabendo-se que os juros de R$ 948,75 foram obtidos com a aplicação de R$ 5.500,00 à taxa de 1,15% ao mês, calcule o prazo da aplicação.

Solução. Dados: $J = 948,75, PV = 5500, i = 1,15\%$ am, $n =?$

Nesse problema devemos determinar quantas capitalizações mensais são necessárias para que um valor inicial de R$ 5.500,00 gere uma quantia de R$ 948,75 em juros.

Pela Fórmula (2.4) e como $PV \cdot i \neq 0$, temos que

$$J = PV \cdot i \cdot n \Rightarrow \boxed{n = \frac{J}{PV \cdot i}}$$

nos dando

$$n = \frac{948,75}{5500 \cdot 0,0115} = 15.$$

De modo que, o prazo da aplicação foi de 15 capitalizações mensais. Ou seja, o prazo foi de 15 meses ou, de modo equivalente, de 1 ano e 3 meses.

$\diamond$

Exemplo 2.7. Determine o capital necessário para gerar um montante de R$ 6.575,00 ao final de um ano e nove meses a uma taxa de juros de 4,5% ao trimestre.

Solução. Dados: $FV = 6575, i = 4,5\%$ at, $n = ?, PV = ?$

Nosso primeiro problema é sobre o prazo da aplicação não estar na mesma unidade de tempo que a taxa de juros. Porém, isso é fácil de resolver. Vejamos: 1 ano e nove meses é o mesmo que 7 trimestres. Por isso, temos que a quantidade de capitalizações é $n = 7$.

Além disso, temos que

$$PV = \frac{FV}{1 + i \cdot n} = \frac{6575}{1 + 0,045 \cdot 7} = 5000 \therefore PV = 5000.$$

Nos restando que, o capital necessário requerido no exemplo é igual a R$ 5.000,00.

$\diamond$

Exemplo 2.8. Certa pessoa empresta dinheiro a uma taxa de juros de 20% ao ano. Decorrido certo tempo, recebe juros equivalentes a 1/3 do valor emprestado. Por quanto tempo (meses) esteve emprestado o dinheiro dessa pessoa?

Solução. Dados: $i = 20\%$ aa, $J = PV/3, n =?$

Sabemos que PV deve ser diferente de zero para que haja alguma capitalização efetiva[7].

Além disso,

$$n = \frac{J}{PV \cdot i} \text{ e } i = 20\% = \frac{1}{5},$$

assim

$$n = \frac{\frac{PV}{3}}{PV \cdot \frac{1}{5}} = \frac{PV}{3} \cdot \frac{5}{PV} = \frac{5}{3} \therefore n = \frac{5}{3}.$$

Com isso, determinamos que o período (quantidade) total de capitalização é de $n = 5/3$ anos. Porém, é solicitado esse prazo em meses. Como cada ano possui doze meses, nos resta que:

$$n = \frac{5}{3} \cdot 12 = 20.$$

O tempo em que o capital ficou aplicado nessa operação financeira foi de 20 meses. ◇

Teorema 2.2. No regime de capitalização simples, mesmo quando a quantidade de capitalizações é um número racional a Fórmula (2.3) continua válida. Ou seja, sendo $n = \frac{p}{q}$, com $p, q \in \mathbb{N}^*$ a quantidade de vezes que a unidade de tempo da taxa i de juros cabe no período total da aplicação do capital PV, teremos

$$FV = PV\left(1 + i \cdot \frac{p}{q}\right).$$

[7] se o PV for igual a zero, os juros e o montante também serão iguais a zero.

Demonstração. Pelo Exercício 2.19, temos que ao considerar um novo período de capitalização que seja o antigo dividido por $q \in \mathbb{N}^*$, teremos que a nova taxa de juros referente a esse novo período de capitalização deverá ser $i_N = \frac{i}{q}$.

Além disso, cabem exatamente p (uma quantidade "inteira") novos períodos de capitalização em $n = p/q$. Assim, pela Fórmula (2.3), temos que o montante é

$$FV = PV(1 + i_N \cdot p) = PV\left(1 + \frac{i}{q} \cdot p\right) = PV\left(1 + i \cdot \frac{p}{q}\right).$$

Nos dando que,

$$FV = PV\left(1 + i \cdot \frac{p}{q}\right).$$

□

Exercícios

Em todos os exercícios dessa subseção, considere que o regime de capitalização adotado é o regime de juros simples mesmo quando isso não for informado no exercício.

Exercício 2.11. Uma pessoa aplicou R$ 1500,00 a uma taxa de juros simples de $1,25\%$ am, pelo prazo de 8 meses. Quanto foi o resgate?

Exercício 2.12. Determine o valor dos juros e do montante correspondentes a um empréstimo de R$ 1.000,00 pelo prazo de 24 meses à taxa de 1,53% ao mês.

Exercício 2.13. Qual é a taxa de juros mensal cobrada em um empréstimo de R$ 6000,00 resgatado por R$ 7200,00 ao final de um ano?

Exercício 2.14. Qual deve ser o período de aplicação para que um capital de R$ 2.000,00 a uma taxa de juros de 4% ao mês vire R$ 4.000,00?

Exercício 2.15. No regime de juros simples, determine o tempo necessário para que o capital quadruplique aplicado a uma taxa de 4% am.

Exercício 2.16. Determine o capital necessário para gerar um montante igual a R$ 6.300,00 ao final de dois anos a uma taxa de juros de 3,25% ao trimestre.

Exercício 2.17. Aplicado R$ 4.000,00 durante 16 meses, resgatamos uma quantia de R$ 5.600,00. Qual seria o valor resgatado se o período fosse de 20 meses?

Exercício 2.18. Qual deve ser a taxa de juros mensal para que o valor presente duplique em um período de dois anos?

Exercício 2.19. Mostre que se o período de capitalização de uma operação financeira, no regime de juros simples, for dividido por $k \in \mathbb{N}^*$ e tomando esse nova unidade como o período de capitalização, então, para manter o mesmo montante, a taxa de juros referente ao novo período de capitalização da operação deverá ser a taxa de juros antiga dividida por k.

Exercício 2.20 (Cespe - 2008). No regime de juros simples, determinado capital investido durante 2,5 meses produziu o montante de R$ 12.000,00. O mesmo capital, investido durante 5 meses, no mesmo regime de juros, produziu o montante de R$ 14.000,00. Nesse caso, é correto afirmar que esse capital é

(a) inferior a R$ 9.400,00.

(b) superior a R$ 9.400,00 e inferior a R$ 9.800,00.

(c) superior a R$ 9.800,00 e inferior a R$ 10.200,00.

(d) superior a R$ 10.200,00 e inferior a R$ 10.600,00.

(e) superior a R$ 10.600,00.

Exercício 2.21 (FGV - Adaptada). Um capital aplicado a juros simples produz o montante de R$ 7.200,00 em cinco meses e, em oito meses, esse montante passa a valer R$ 7.680,00. Desse modo, determine a taxa de juros aplicada a esse capital.

Exercício 2.22 (ESA - Adaptada). Determine o capital, em reais, que deve ser aplicado à taxa mensal de juros simples de 5%, por 4 meses, para se obter juros de R$ 400,00.

Exercício 2.23 (UFPR). Alexandre pegou dois empréstimos com seus familiares, totalizando R$ 20.000,00. Ele combinou pagar juros simples de 8% ao ano em um dos empréstimos e de 5% ao ano no outro. Após um ano nada foi pago, e por isso sua dívida aumentou de R$ 20.000,00 para R$ 21.405,00. Quanto foi tomado emprestado de cada familiar?

Exercício 2.24 (FGV). Um capital C de R$ 2.000,00 é aplicado a juros simples à taxa de 2% ao mês. Quatro meses depois, um outro capital D de R$ 1.850,00 também é aplicado a juros simples, à taxa de 3% ao mês. Depois de n meses, contados a partir da aplicação do capital C, os montantes se igualam. Podemos afirmar que a soma dos algarismos de n é

(a) 10. (b) 9. (c) 8. (d) 7. (e) 6.

2.2.2 Regime de Juros Compostos

Um segundo regime de capitalização (e o mais usado no dia a dia das pessoas) é chamado de *Regime de juros compostos.*

Esse novo regime tem uma divergência sútil, mas que faz toda a diferença, quando comparado ao regime de juros simples, que como já vimos capitaliza apenas o capital inicial da operação. Tal diferença consiste no fato de que a cada período o saldo devedor é atualizado e tudo é capitalizado (juros até o momento e o capital inicial).

Vejamos um exemplo prático do que foi apontado.

Imagine que Paulo emprestou R$ 100,00 a João a uma taxa de 10% am durante um período de cinco meses. Considerando as condições impostas no início dessa subseção, temos que

- na data 0, o saldo devedor é de R$ 100,00;
- na data 1, há a primeira capitalização e temos os juros iguais a $J = 10\%$ de R$ 100,00. Logo, $J = 10$ e o valor a ser restituído é $FV_1 = 110$ (reais);
- na data 2, o processo age como se devêssemos a quantia de R$ 110,00 e nessa quantia irá incidir a taxa de juros nesse período. Ou seja, os juros serão $J = 10\%$ de R$ 110,00. Ficando assim,

$$FV_2 = FV_1 + i \cdot FV_1 = 110 + 11 = 121 \text{ (reais);}$$

- na data 3, o processo se repete e teríamos

$$FV_3 = FV_2 + i \cdot FV_2 = 121 + 12,1 = 133,1 \text{ (reais)}.$$

Talvez, nesse ponto, um padrão se torne evidente ao tratarmos de aplicar a taxa de juros ao saldo devedor no período anterior mês a mês. Vejamos

$$\begin{aligned}
FV_5 &= FV_4 + i \cdot FV_4 = FV_4 \cdot (1+i) \\
&= FV_4 \cdot (1+i) = [FV_3(1+i)] \cdot (1+i) \\
&= FV_3 \cdot (1+i)^2 = [FV_2(1+i)] \cdot (1+i)^2 \\
&= FV_2 \cdot (1+i)^3 = [FV_1(1+i)] \cdot (1+i)^3 \\
&= FV_1 \cdot (1+i)^4 = [FV_0(1+i)] \cdot (1+i)^4 \\
&= PV \cdot (1+i)^5 \\
&= 100 \cdot 1,1^5 \\
&\approx 161,05 \text{ (reais)}.
\end{aligned}$$

Assim, após os cinco meses em que o valor presente da operação ficou sendo capitalizado junto aos juros à taxa de 10% am, temos $FV_5 = 161,05$ reais.

O padrão citado está no fato de que a cada mês há um fator de atualização $(1+i)^k$ em que k é igual a distância entre FV_n (antes da igualdade) e FV_{n-k} (depois a igualdade).

Ainda podemos observar que os juros resultantes em cada mês decorrido na operação não é constante, diferenciando assim do que ocorreu no regime de juros simples.

Graficamente, temos que

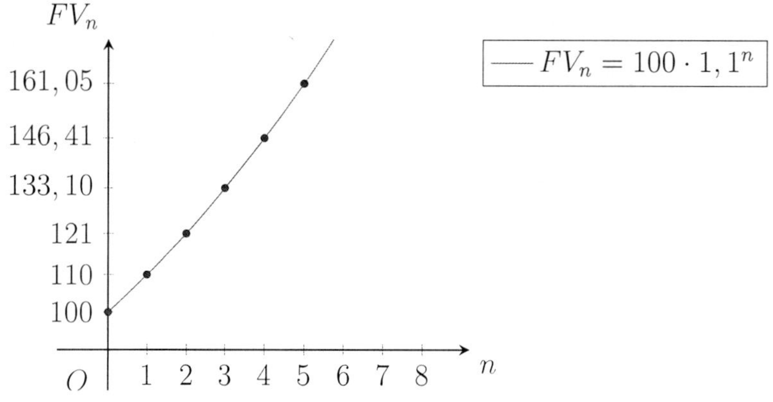

Após essa breve apresentação do regime de juros compostos, vamos à definição do mesmo.

Definição 2.4. Na capitalização composta, ou *Regime de Juros Compostos*, ao final de cada período de capitalização, juntos ao capital inicial, os juros são capitalizados e o montante constituído passa a render juros no período de capitalização seguinte.

Observação. Pela Definição 2.4, temos que ao concluir um período de capitalização teremos

$$FV_n = FV_{n-1} + i \cdot FV_{n-1} \therefore \boxed{FV_n = FV_{n-1} \cdot (1+i)}$$

em que FV_n representa o montante após um período de n períodos de capitalização referente à unidade de tempo da taxa de juros i.

Com essa relação podemos enunciar um teorema que trata sobre as propriedades básicas do regime de juros compostos.

Teorema 2.3 (Juros Compostos). No regime de juros compostos, um capital (PV) aplicado a uma taxa de juros $(i > -1)$ por um período de tempo igual a n períodos de capitalização da taxa de juros gera um montante de

$$FV = PV(1+i)^n. \tag{2.5}$$

Demonstração. Pondo FV_k como sendo o montante após k capitalizações, temos que

$$\frac{FV_k}{FV_{k-1}} = 1 + i$$

como $1+i$ é constante não nula, temos que a sequência (FV_n), pela Definição 1.2, corresponde a uma progressão geométrica de razão $q = 1 + i$ e primeiro termo $FV_0 = PV$. De modo que, pela Fórmula (1.6), vale

$$FV_n = FV_0 \cdot q^n \therefore \boxed{FV_n = PV \cdot (1+i)^n}$$

□

De posse de uma fórmula para o montante no regime de juros compostos, podemos determinar uma fórmula para os juros totais da operação. Pondo J_n como sendo os juros totais até a enésima capitalização, temos

$$\begin{aligned} FV_n = PV + J_n \quad &\Rightarrow \quad J_n = FV_n - PV \\ &\Rightarrow \quad J_n = PV \cdot (1+i)^n - PV \\ &\Rightarrow \quad \boxed{J_n = PV[(1+i)^n - 1].} \end{aligned}$$

Para $n = 1$, temos que

$$J_1 = PV[(1+i)^1 - 1] = i \cdot PV \therefore J_1 = i \cdot PV$$

que é o mesmo valor dos juros na primeira capitalização no regime de juros simples.

Voltemos ao nosso problema inicial para que o mesmo sirva de exemplo para aplicação da Fórmula (2.5).

Exemplo 2.9. Determine o montante de uma operação, no regime de juros compostos, em que o capital inicial é de R$ 100,00 aplicado por um período de cinco meses a uma taxa de 10% ao mês.

Solução. Dados: $PV = 100$, $i = 10\%$ am, $n = 5$, $FV = ?$

Pelos dados apresentados no enunciado do exemplo e pela Fórmula (2.5), temos que

$$FV = PV \cdot (1+i)^n \Rightarrow FV = 100 \cdot (1+0,1)^5 \approx 161,05.$$

Portanto, o montante gerado na operação será de aproximadamente R$ 161,05.

◇

Exemplo 2.10. Determine quanto tempo um capital deve ficar aplicado, no regime de juros compostos, a uma taxa de juros de 2% ao mês para que o montante seja o dobro do valor aplicado.

Solução. Dados: $PV = x$, $FV = 2x$, $i = 2\%$ am, $n = ?$

Fazendo uso da Fórmula (2.5), temos que

$$FV = PV \cdot (1+i)^n \Rightarrow 2x = x \cdot 1,02^n.$$

Se o valor aplicado for $x = 0$, não há capitalização. Por isso, consideraremos que $x \neq 0$, com isso, podemos dividir ambos os membros da igualdade por x. Obtendo

$$1,02^n = 2.$$

De modo que,

$$\begin{aligned} 1,02^n = 2 \quad &\Rightarrow \quad \ln(1,02)^n = \ln(2) \\ &\Rightarrow \quad n \cdot \ln(1,02) = \ln(2) \\ &\Rightarrow \quad n = \frac{\ln(2)}{\ln(1,02)} \approx 35. \end{aligned}$$

Portanto, a quantidade de capitalizações necessárias é $n = 35$. Como as capitalizações são mensais, o tempo necessário requerido no enunciado do exemplo é de 35 meses aproximadamente.

◇

Sempre que tivermos um problema em que a incógnita estiver apenas no expoente, podemos fazer uso das propriedades dos logaritmos (em qualquer base[8]) para encontrar o valor desejado.

Mesmo que o ideal na disciplina de Matemática Financeira seja o uso de uma calculadora científica, como material de apoio nos

[8]uma vez que é subentendido o uso de uma calculadora científica ou de uma calculadora financeira.

cálculos que surgem nos problemas, há situações em que tal ferramenta não será permitida como em questões de concursos ou vestibulares.

Nessas situações, devemos ficar ainda mais atentos aos dados fornecidos nos problemas para que possamos resolvê-los com a menor quantidade de esforço bruto possível. Vejamos o próximo exemplo.

Exemplo 2.11 (Sem calculadora). João deve R$ 250,00 a uma operadora de cartão de crédito que cobra juros mensais por atraso de 3%. Após quanto tempo, sem pagar sua dívida com a operadora do cartão de crédito, a dívida de João será igual a quantia de R$ 600,00?
Use as aproximações: $\log_{1,03} 12 \approx 84$ e $\log_{1,03} 5 \approx 54.$

Solução. Dados: $PV = 250,\ FV = 600,\ i = 3\%$ am, $n = ?$

Procedendo como no Exemplo 2.10, chegaríamos à equação

$$1,03^n = \frac{600}{250}.$$

Porém não dispomos de uma calculadora para obter a solução exata ou aproximada desse problema. Portanto, o que devemos fazer é olhar para as aproximações apontadas no enunciado e para a equação obtida no meio do processo de solução e tentar encontrar um elo de ligação entre as duas.

Vejamos, é fácil perceber que deveremos utilizar (não obrigatoriamente) o logaritmo na base $1,03$. Além disso, a fração $\frac{600}{250}$ é equivalente à fração $\frac{12}{5}$. Sendo que essa última nos permite usar as aproximações apontadas no problema.

Vejamos:

$$\begin{aligned} 1,03^n = \frac{600}{250} &\Rightarrow 1,03^n = \frac{12}{5} \\ &\Rightarrow n = \log_{1,03} \frac{12}{5} \\ &\Rightarrow n = \log_{1,03} 12 - \log_{1,03} 5 \\ &\Rightarrow n \approx 84 - 54 \\ &\Rightarrow n \approx 30. \end{aligned}$$

Assim, encontramos que o prazo sem pagamento foi de, aproximadamente, 30 meses.

◇

Ainda não temos uma fórmula dada explicitamente para determinar o valor da taxa de juros em função dos outros dados possíveis (juros, prazo da operação, valor presente e valor futuro).

De qualquer modo, isso pode ser resolvido com algumas manipulações nas fórmulas já determinadas anteriormente. Veja o exemplo a seguir para entender melhor o processo sugerido.

Exemplo 2.12. Calcule a taxa mensal de juros compostos de uma aplicação de R$ 3.000,00 que produziu um montante igual a R$ 3.168,67 ao final de cinco meses.

Solução. Dados: $PV = 3000,\ FV = 3168,67,\ n = 5,\ i = ?$

Precisamos determinar o valor da taxa de juros. Porém, como já foi salientado, ainda não temos uma fórmula para isso.

Mesmo assim, podemos partir do fato de que $FV = PV \cdot (1+i)^n$ e isolar a taxa de juros partindo disso. Vejamos

$$\begin{aligned} FV = PV \cdot (1+i)^n \ &\Rightarrow \ (1+i)^n = \frac{FV}{PV} \\ &\Rightarrow \ 1 + i = \sqrt[n]{\frac{FV}{PV}} \\ &\Rightarrow \ i = \sqrt[n]{\frac{FV}{PV}} - 1 \end{aligned}$$

Desse modo, nos resta que

$$i = \sqrt[5]{\frac{3168,67}{3000}} - 1 \approx 0,011$$

ou seja, a taxa de juros compostos da operação foi de aproximadamente $1,1\%$ am. $\diamond$

Sempre que tivermos um problema em que a incógnita estiver apenas na base de um potência em que o expoente é dado, podemos fazer uso das propriedades das raízes enésimas para encontrar o valor desejado.

Exemplo 2.13. Calcule os juros de um empréstimo no valor de R$ 6.000,00 pelo prazo de doze meses, à taxa de juros compostos de 2,5% ao mês.

Solução. Dados: $PV = 6000$, $i = 2,5\%$ am, $n = 12$, $J_{12} = ?$

Pela fórmula para os juros totais no regime de juros compostos, temos

$$J_n = PV \cdot [(1+i)^n - 1] \Rightarrow J_{12} = 6000 \cdot (1,025^{12} - 1) \approx 2069,33.$$

Portanto, os juros pagos nessa operação foram de, aproximadamente, R$ 2.069,33. ◇

Teorema 2.4. No regime de capitalização composta, mesmo quando a quantidade de capitalizações é um número racional a Fórmula (2.5) continua válida. Ou seja, sendo $n = \frac{p}{q}$, com $p, q \in \mathbb{N}^*$ a quantidade de vezes que a unidade de tempo da taxa i de juros cabe no período total da aplicação do capital PV, teremos

$$FV = PV(1+i)^{\frac{p}{q}}.$$

Demonstração. Pelo Exercício 2.38, temos que ao considerar um novo período de capitação que seja o antigo dividido por $q \in \mathbb{N}^*$, teremos que a nova taxa de juros referente a esse novo período de capitalização deverá ser $i_q = \sqrt[q]{1+i} - 1$. Além disso, cabem exatamente p (uma quantidade "inteira") novos períodos de capitalização em $n = p/q$. Assim, pela Fórmula (2.5), temos que o montante é

$$FV = PV\left[1 + \left(\sqrt[q]{1+i} - 1\right)\right]^p = PV\left(\sqrt[q]{1+i}\right)^p = PV(1+i)^{\frac{p}{q}}.$$

Restando que: $FV = PV(1+i)^{\frac{p}{q}}$. □

De modo geral, o regime de juros compostos é mais utilizado no dia a dia e, por isso, sempre que não ficar explícito qual é o regime de capitalização adotado numa determinada situação deste livro (exemplo, propriedade, exercício por exemplo), espera-se que o regime utilizado como padrão seja o de juros compostos.

Exercícios

Exercício 2.25 (FAUEL). Luís aplicou R$ 5000 em uma poupança que rende 1% am no regime de juros compostos, podendo resgatar todo o valor com juros a qualquer momento. Assinale a alternativa CORRETA.

(a) Se Luís resgatar todo o valor um mês depois, não terá juro algum.

(b) Quanto mais tempo Luís demorar para resgatar todo o valor, menos juros ele ganhará.

(c) Ao resgatar todo o valor no segundo mês, Luís receberá R$ 5.100,50.

(d) Todos os meses, a aplicação de Luís rende R$ 50,00.

Exercício 2.26. Qual é o valor presente de uma aplicação que irá gerar um valor futuro de R$ 14.000,00 a uma taxa de 10% am durante um período de dois anos.

Exercício 2.27. Qual é o tempo necessário para que o valor futuro de uma aplicação seja oito vezes o valor presente, a uma taxa de 8% am?

Exercício 2.28. Quanto rende um capital de R$ 6.000,00 aplicado por 15 meses a juros compostos de $2,5\%$ ao mês?

Exercício 2.29. A que taxa de juros um capital de R$ 15.000,00 se transforme em um montante de R$ 23.000,00 considerando um período de aplicação de quatro meses?

Exercício 2.30. A que taxa de juros efetivos um capital no valor de R$ 1.500,00 obtém um rendimento de R$ 300,00 em dois meses?

Exercício 2.31. À taxa de juros composta de 10% am, em que prazo R$ 5.000,00 rendem juros de R$ 5.000,00?

Exercício 2.32. Determine o valor presente de uma aplicação que, aplicado por oito meses a juros compostos de 4% am, renda R$ 5000,00.

Exercício 2.33 (ENEM)**.** Um casal realiza um financiamento imobiliário de R$ 180.000,00, a ser pago em 360 prestações mensais, com taxa de juros efetiva de 1% ao mês. A primeira prestação é paga um mês após a liberação dos recursos e o valor da prestação mensal é de R$ 500,00 mais juro de 1% sobre o saldo devedor (o valor antes do pagamento). Efetuando o pagamento dessa forma, determine o valor, em reais, a ser pago ao banco na décima nona prestação.

Exercício 2.34. Quanto terei de aplicar hoje em um fundo de renda fixa para que, ao final de 10 anos a uma taxa de 0,5% ao mês, haja um montante de R$ 10.000,00?

Exercício 2.35 (UEMT). Uma financiadora oferece empréstimo, por um período de 4 meses, sob as seguintes condições:

(i) taxa de 11,4% ao mês, a juros simples;

(ii) taxa de 10% ao mês, a juros compostos.

Qual das duas opções é a melhor para a financiadora?

Exercício 2.36 (FUVEST - Adaptada). Um comerciante deu um desconto de 30% sobre o preço de venda de uma mercadoria e, mesmo assim, conseguiu um lucro de 30% sobre o preço que pagou pela mesma. Se o desconto não fosse dado qual seria, em porcentagem, seu lucro?

Exercício 2.37 (Fuvest). Maria quer comprar uma TV que está sendo vendida por R$ 1.500,00 à vista ou em 3 parcelas mensais sem juros de R$ 500,00. O dinheiro que Maria reservou para essa compra não é suficiente para pagar à vista, mas descobriu que o banco oferece uma aplicação financeira que rende 1% ao mês. Após fazer os cálculos, Maria concluiu que, se pagar a primeira parcela e, no mesmo dia, aplicar a quantia restante, conseguirá pagar as duas parcelas que faltam sem ter que colocar nem tirar um centavo sequer. Quanto Maria reservou para essa compra, em reais?

Exercício 2.38. Mostre que se o período de capitalização de uma operação financeira, no regime de juros compostos, for dividido por $k \in \mathbb{N}^*$ e tomando esse nova unidade como o período de capitalização, então, para manter o mesmo montante, a taxa de juros referente ao novo período de capitalização da operação deverá ser

$$i_k = \sqrt[k]{1+i} - 1.$$

Exercício 2.39. Um valor PV deve ser aplicado por n períodos de capitalização de uma taxa de juros i de modo que o valor futuro dessa operação será igual a FV. Sabendo que após a operação foi identificado que

$$FV = k \cdot PV, \text{ com } k \in \mathbb{N}^*,$$

encontre uma fórmula para a taxa i a depender de PV, n e k.

2.3 Comparação entre os regimes

2.3.1 Comparação gráfica

Considerando a situação em que Paulo emprestou R$ 100,00 a João a uma taxa de 10% am durante um período de cinco meses. Considerando, ainda, FVS_n e FVC_n como sendo o valor futuro dessa operação, respectivamente, nos regimes de juros simples e juros compostos.

Graficamente, temos que

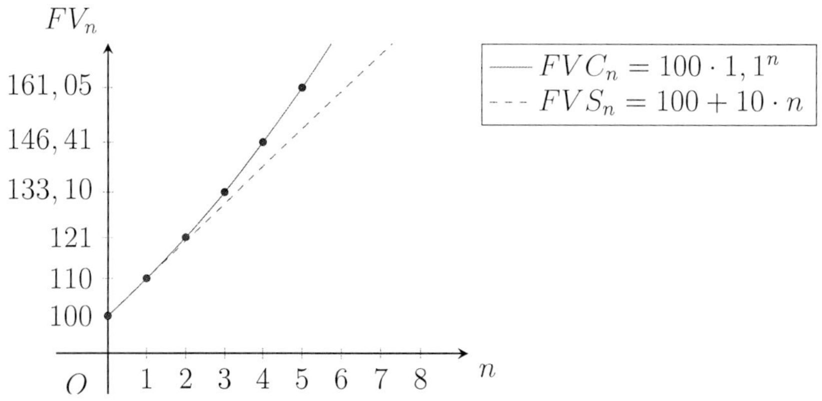

Podemos observar que, com essa nova possibilidade de computação dos juros (e do montante consequentemente), temos que a reta já não nos serve como gráfico, sendo que a reta que passa pelos ponto $(0, PV)$ e $(1, PV + i \cdot PV)$ fica abaixo (imagem menor) da curva que passa pelos novos pontos a partir do início do segundo período de capitalização ($n > 1$).

O fato de que o montante gerado pelo regime de juros simples é maior do que o montante gerado pelo regime de juros compostos quando $0 < n < 1$ não é tão óbvio, mas podemos constatar que, na situação adota, tal fato é realmente verdadeiro dando uma olhada mais localmente no comparativo apresentado no gráfico anterior.

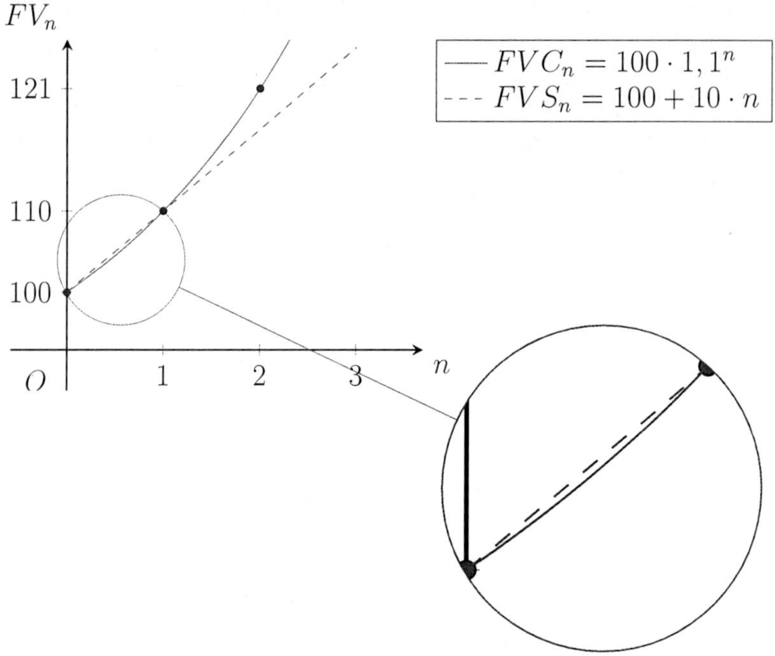

Observa-se que o segmento de reta (juros simples) de equação

$$y = 100 + 100 \cdot 0,1 \cdot n, \text{ com } 0 < n < 1$$

fica acima da curva exponencial (juros compostos) de equação

$$y = 100 \cdot 1,1^n, \text{ com } 0 < n < 1.$$

Ainda podemos constatar a igualdade dos montantes para ambos os regimes nos casos em que se tem $n = 0$ ou $n = 1$.

Pode-se mostrar que quanto mais próximo de 1 a taxa estiver, porém ainda menor do que 1, será maior a diferença entre os montantes gerados pelos regimes de juros simples e compostos.

Por exemplo, para $i = 0,99$ temos o gráfico a seguir.

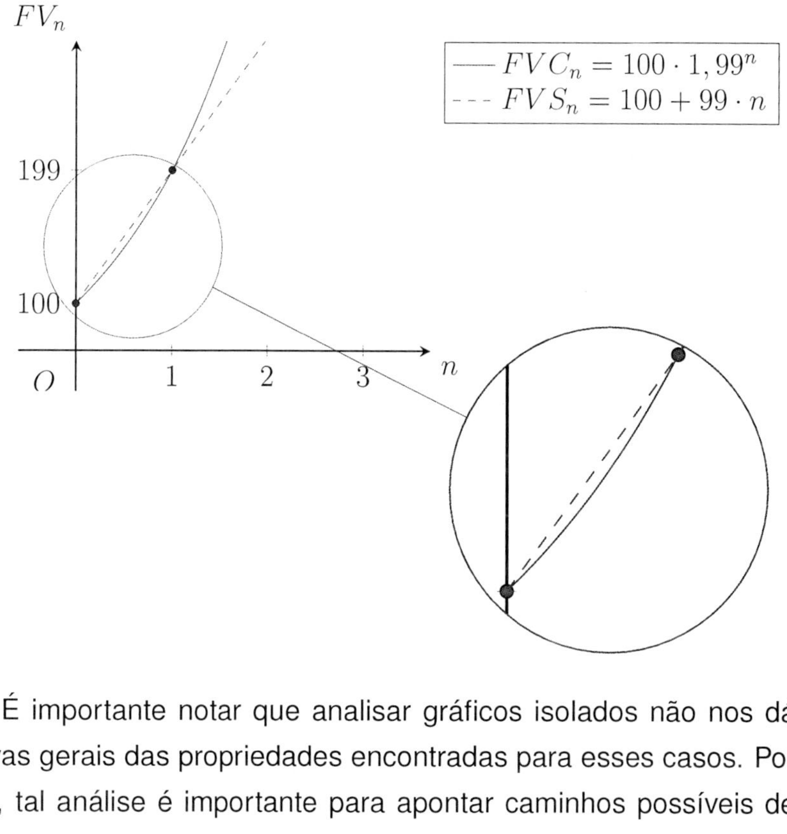

É importante notar que analisar gráficos isolados não nos dá provas gerais das propriedades encontradas para esses casos. Porém, tal análise é importante para apontar caminhos possíveis de quais propriedades valem para os casos gerais e possibilitam possíveis estratégias de como demonstrar matematicamente e de modo genérico tais propriedades.

Uma possível dúvida que pode surgir ao avaliar os gráficos apresentados é sobre como a escala adotada no eixo das ordenadas referente ao FV_n pode afetar o gráfico. Porém, é fácil resolver isso adotando $PV = 1$ ao invés de $PV = 100$. Pois, assim podemos adotar a mesma unidade de medida para n e para FV_n. Vejamos

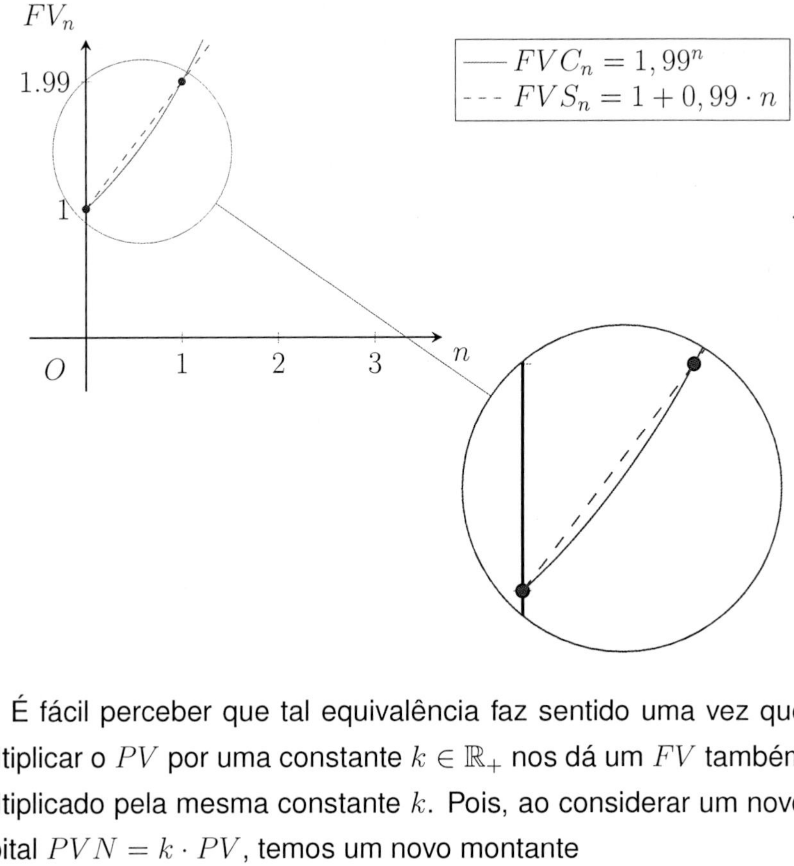

É fácil perceber que tal equivalência faz sentido uma vez que multiplicar o PV por uma constante $k \in \mathbb{R}_+$ nos dá um FV também multiplicado pela mesma constante k. Pois, ao considerar um novo capital $PVN = k \cdot PV$, temos um novo montante

$$
\begin{aligned}
FV = PV(1+i)^n \quad &\Rightarrow \quad FVN = (k \cdot PV) \cdot (1+i)^n \\
&\Rightarrow \quad FVN = k \cdot [PV \cdot (1+i)^n] \\
&\Rightarrow \quad FVN = k \cdot FV.
\end{aligned}
$$

O mesmo vale para o caso de o regime ser o de juros simples. De modo que, dadas as devidas alterações nas condições, a escola no eixo dos valores de FV_n não afeta de modo a perder informações o gráfico do montante como apontado.

2.3.2 Comparação algébrica

Agora, iremos mostrar algebricamente que as propriedades que foram deduzidas a partir de gráficos são verdadeiras de modo geral utilizando propriedades algébricas dos números reais.

Precisaremos de alguns resultados relacionados a desigualdades. Para garantir a validade desses, iremos utilizar um método de demonstração matemático baseado no seguinte princípio.

Princípio 2.1 (Princípio de Indução Finita - PIF)**.** Se $X \subset \mathbb{N}$ é um conjunto tal que $0 \in X$ e para cada $n \in X$ vale que $n + 1 \in X$, então vale que $X = \mathbb{N}$.

O nome princípio é dado às propriedades, geralmente, simples e que dão o pontapé inicial a uma teoria. Tais princípios são aceitos sem a necessidade de uma demonstração (assim como os axiomas).

Por outro lado, vale reforçar que o PIF pode ser demonstrado ao considerar outro resultado como ponto de partida da teoria. Uma possibilidade de demonstração do PIF é utilizando o Princípio da Boa Ordenação[9].

[9]ver (SOUZA, 2024).

Basicamente, o que o Princípio de Indução Finita nos diz é que o único subconjunto dos números naturais que possui o zero e o sucessor de cada número que está nesse conjunto é o próprio conjunto dos números naturais.

De posse do PIF, para mostrar que uma propriedade vale para qualquer número natural basta mostrar que ela vale para o zero e que para cada número natural para o qual ela é verdadeira também será verdadeira para o sucessor desse número.

Vejamos um exemplo que servirá de possibilidade para demonstrar uma desigualdade (de Bernoulli) que usaremos algumas vezes no restante do livro.

Exemplo 2.14. Seja $(x_k)_{k\in\mathbb{N}}$, uma sequência de números maiores do que -1 e todos de mesmo sinal. Ou seja, $1 + x_j > 0$ e $x_i \cdot x_p > 0$ para todos $j, p \in \mathbb{N}$. Nessas condições, vale a desigualdade

$$(1 + x_0) \cdot (1 + x_1) \cdot \ldots \cdot (1 + x_r) \geq 1 + x_0 + x_1 + \cdots + x_r, \forall r \in \mathbb{N}.$$

De fato, podemos observar que para $r = 0$, temos

$$1 + x_0 \geq 1 + x_0$$

garantindo a validade da propriedade quando $r = 0$. Agora, supondo que a propriedade vale para algum $r \in \mathbb{N}$, ou seja

$$(1 + x_0) \cdot (1 + x_1) \cdot \ldots \cdot (1 + x_r) \geq 1 + x_0 + x_1 + \cdots + x_r,$$

temos que $1 + x_{r+1} > 0$ e, por isso, podemos multiplicar ambos os membros da desigualdade mantendo-a. Logo,

$$\begin{aligned}
\prod_{k=0}^{r+1}(1+x_k) &= (1+x_{r+1})\cdot\prod_{k=0}^{r}(1+x_k)\\
&\geq (1+x_{r+1})\cdot\left(1+\sum_{k=0}^{r}x_k\right)\\
&= \left(1+\sum_{k=0}^{r}x_k\right)+x_{r+1}+\sum_{k=0}^{r}x_k\cdot x_{r+1}\\
&= \left(1+\sum_{k=0}^{r+1}x_k\right)+\underbrace{\sum_{k=0}^{r}x_k\cdot x_{r+1}}_{>0}\\
&\geq \left(1+\sum_{k=0}^{r+1}x_k\right)
\end{aligned}$$

Por transitividade, nos resta que

$$\prod_{k=0}^{r+1}(1+x_k)\geq 1+\sum_{k=0}^{r+1}x_k$$

Mostrando que se a propriedade for válida para $r\in\mathbb{N}$ também valerá para $r+1$. Pelo PIF, tal propriedade vale para qualquer $r\in\mathbb{N}$.

Ainda é possível constatar que a igualdade não acontece quando $r\geq 1$. Valendo, nesse caso, apenas a desigualdade restrita.

Tomando $x_k=i>-1$ e fixando $r=n\in\mathbb{N}$, temos o Teorema 2.5 como uma variação do resultado apresentado no Exemplo 2.14.

Teorema 2.5 (Desigualdade de Bernoulli)**.** Para $i > -1$ e $n \in \mathbb{N}$, vale

$$(1+i)^n \geq 1 + i \cdot n.$$

Podemos perceber uma relação entre a Desigualdade de Bernoulli e o quociente $\frac{FV}{PV}$, com $PV \neq 0$ e com a quantidade de capitalizações sendo um número natural. Pois,

(i) No regime de juros simples, temos

$$\frac{FV}{PV} = 1 + i \cdot n;$$

(ii) No regime de juros compostos, temos

$$\frac{FV}{PV} = (1+i)^n.$$

Com isso, se a quantidade de capitalizações for $n \in \mathbb{N}$, FV_s o valor futuro no regime de juros simples e FV_c o valor futuro no regime de juros compostos para uma taxa de juros fixada $i > -1$, temos que

$$(1+i)^n \geq 1 + i \cdot n \underbrace{\Rightarrow}_{PV>0} PV(1+i)^n \geq PV(1+i \cdot n) \Rightarrow FV_c \geq FV_s.$$

Valendo a igualdade apenas nos casos em que $n = 0$ ou $n = 1$ se $i \neq 0$. Ou seja, para $n = 0$, temos $FV_s = FV_c = PV$ e, para $n = 1$, temos $FV_s = FV_c = PV(1+i)$.

De resto, para $n \in \mathbb{N}/\{0,1\}$ e $i \neq 0$, vale

$$FVc = PV(1+i)^n > PV(1+i\cdot n) = FV_s.$$

Para analisar os casos em que a quantidade de capitalizações for n, com $0 < n < 1$, vamos relembrar um pouco sobre a desigualdade entre a média aritmética e a média geométrica.

Uma representação geométrica que relaciona as médias aritmética e geométrica é dada a seguir.

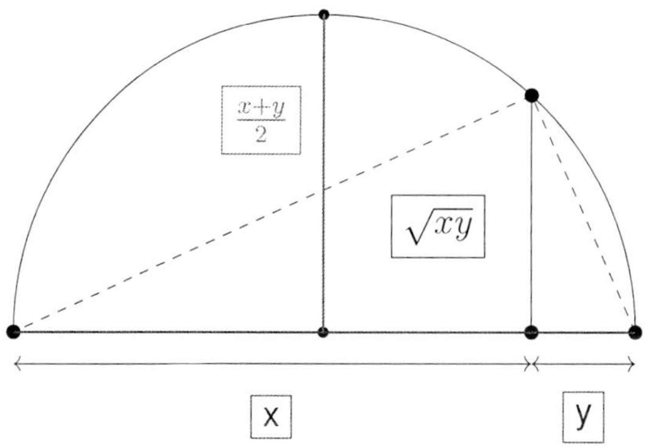

O desenho traz uma sugestão de que, para quaisquer $x, y \in \mathbb{R}_+$, vale

$$\frac{x+y}{2} \geq \sqrt{xy}.$$

Sendo $MA = \frac{x+y}{2}$ e $MG = \sqrt{xy}$ as médias aritmética e geométrica respectivamente.

Algebricamente, pode-se mostrar que a desigualdade é realmente verdadeira sempre que $x, y \in \mathbb{R}_+$. Pois,

$$\begin{aligned}\left(\sqrt{x}-\sqrt{y}\right)^2 \geq 0 \quad &\Rightarrow \quad x+y-2\sqrt{xy} \geq 0 \\ &\Rightarrow \quad \frac{x+y}{2} \geq \sqrt{xy}.\end{aligned}$$

Valendo a igualdade se, e somente se, tivermos $x = y$.

De modo mais geral, as médias aritmética e geométricas são definidas como a seguir.

Definição 2.5 (Médias: MA e MG)**.** Sejam $x_1, x_2, x_3, \ldots, x_n$ números reais não negativos. A média aritmética desses valores é dada por

$$MA = \frac{x_1 + x_2 + x_3 + \ldots + x_n}{n}$$

e a média geométrica é dada por

$$MG = \sqrt[n]{x_1 \cdot x_2 \cdot x_3 \cdot \ldots \cdot x_n}.$$

Pode-se provar utilizando o Princípio de Indução Finita que, mesmo para n números reais não negativos, ainda vale a desigualdade

$$MA \geq MG.$$

Valendo a igualdade se, e somente se, todos os termos considerados forem iguais. Ou seja, $MA = MG$ se, e somente se,

$$x_1 = x_2 = x_3 = \ldots = x_n.$$

Teorema 2.6. Se o prazo da aplicação (n) for menor do que uma unidade de capitalização da taxa de juros não nula $(i > -1)$, então o montante no regime de juros simples (FV_s) será maior do que o montante no regime de juros compostos (FV_c).

Demonstração. Considerando um capital inicial igual a PV, dividiremos a demonstração em duas partes: (1) $n \in \mathbb{Q}$ e (2) $n \in \mathbb{R}/\mathbb{Q}$.

(1) Aqui, temos que $n \in \mathbb{Q}$ e $0 < n < 1$, logo existem $p, q \in \mathbb{N}^*$, tais que $p < q$ e $n = p/q$. Pelos Teoremas 2.2 e 2.4, temos que

$$FV_s = PV\left(1 + i \cdot \frac{p}{q}\right) \text{ e } FV_c = PV(1+i)^{\frac{p}{q}}.$$

De modo que:

$$\begin{aligned}
(1+i)^{\frac{p}{q}} &= \sqrt[q]{(1+i)^p} \\
&= \sqrt[q]{\underbrace{(1+i)\cdot(1+i)\cdot\ldots\cdot(1+i)}_{p \text{ vezes}}\cdot\underbrace{1\cdot 1\cdot 1\cdot\ldots\cdot 1}_{q-p \text{ vezes}}} \\
&\leq \frac{p\cdot(1+i)+(q-p)\cdot 1}{q} \\
&= \frac{q + i\cdot p}{q} \\
&= 1 + i\cdot\frac{p}{q}.
\end{aligned}$$

Nos dando que, nesse caso,

$$(1+i)^{\frac{p}{q}} \leq 1 + i \cdot \frac{p}{q},$$

valendo a igualdade apenas quando $1 + i = 1$, ou seja, se $i = 0$, que não nos interessa. Pois, por hipótese, temos $i \neq 0$. Logo, se $0 < n = \frac{p}{q} < 1$ e $PV > 0$, teremos

$$(1+i)^{\frac{p}{q}} < 1 + i \cdot \frac{p}{q} \;\Rightarrow\; PV(1+i)^{\frac{p}{q}} < PV\left(1 + i \cdot \frac{p}{q}\right)$$
$$\Rightarrow\; FV_c < FV_s.$$

Assim, está provado o teorema se n for um número racional.

(2) Para o caso em que n, com $0 < n < 1$, seja um número irracional, pela densidade dos números racionais, existe uma sequência numérica (x_r) de números racionais, tal que $0 < x_r < 1, \forall r \in \mathbb{N}$ e $x_r \to n$. Pelo caso (1), temos

$$(1+i)^{x_r} < 1 + i \cdot x_r, \text{ com } i > -1 \text{ e } i \neq 0.$$

Aplicando o limite em ambos os membros da desigualdade, temos

$$(1+i)^n = \lim_{r \in \mathbb{N}} (1+i)^{x_r} \leq \lim_{r \in \mathbb{N}} (1 + i \cdot x_r) = 1 + i \cdot n$$

Ou seja, $(1+i)^n \leq 1 + i \cdot n$. Faltando eliminar a possibilidade de igualdade. Seja $s \in \mathbb{Q}$, tal que $0 < n < s < 1$, como n é um número irracional, nos resta que $\frac{n}{s}$ também é um número irracional entre 0 e 1. De modo que,

$$(1+i)^{\frac{n}{s}} \leq 1 + i \cdot \frac{n}{s} \Rightarrow (1+i)^n \leq \left(1 + i \cdot \frac{n}{s}\right)^s$$

Como $0 < n/s < 1$ e supondo $i \neq 0$, temos que $i \cdot \frac{n}{s} \neq 0$, pelo caso (1)[10], pois $s \in \mathbb{Q}$, temos que

$$\left(1 + i \cdot \frac{n}{s}\right)^s < 1 + i \cdot s \cdot \frac{n}{s} = 1 + i \cdot n$$

restando que, para $n \in \mathbb{R}/\mathbb{Q}$, vale

$$(1+i)^n < 1 + i \cdot n \Rightarrow PV(1+i)^n < PV(1 + i \cdot n) \Rightarrow FV_c < FV_s.$$

Provando que FV_c é menor do que FV_s quando $i > -1, i \neq 0$ e $0 < n < 1$, com n sendo um número racional ou irracional.

□

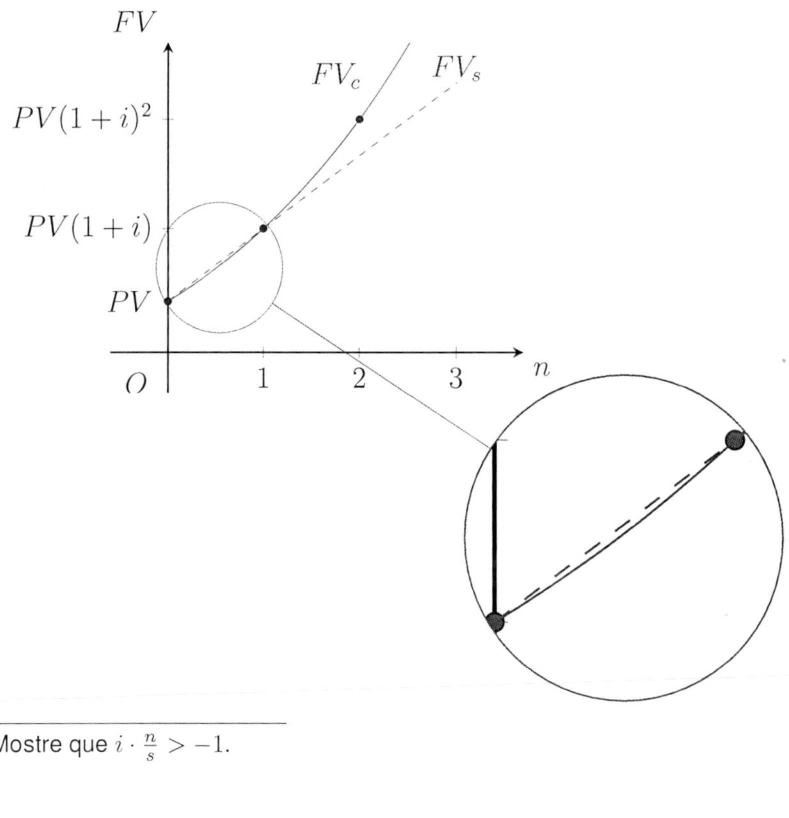

[10]Mostre que $i \cdot \frac{n}{s} > -1$.

Em resumo, nessa seção, vimos que se $i > -1$ e $i \neq 0$

- $n > 1 \Rightarrow FV_c > FV_s$;
- $0 < n < 1 \Rightarrow FV_c < FV_s$;
- $n = 0$ ou $n = 1 \Rightarrow FV_c = FV_s$.

Exercícios

Exercício 2.40. Supondo que $n \in \mathbb{N}$, com $n > 0$, e $x \in \mathbb{R}$, com $x > -1$ e $x \neq 0$, mostre que vale a desigualdade

$$(1 + x)^{-n} > 1 - n \cdot x.$$

Exercício 2.41. Considere uma operação em que o período total (n) seja menor do que uma unidade de capitalização de uma taxa de juros $i = 3\%$. Por exemplo, a operação durou menos de um mês para ser finalizada e a taxa de juros era $i = 3\%$ am. Determine em qual regime é gerado o maior montante.

Exercício 2.42. Em uma operação que durou menos de um mês para ser finalizada e que a taxa de juros era $i = 10\%$ am, determine $P = \max\{|FV_c - FV_s|\}$, em que FV_c é o montante em juros compostos e FV_s é o montante em juros simples.

Exercício 2.43. Com relação ao problema proposto no Exercício 2.42, ao mudar a taxa de juros, o momento (n) em que a aplicação deveria ser finalizada para que $|FV_c - FV_s|$ seja máximo mudará?

Exercício 2.44. Utilize a expansão binomial de $(1 + i)^n$ para mostrar que $FV_c - FV_s$ é um valor tão grande quanto se queira desde que $i > 0$ e $n \in \mathbb{N}$.

CAPÍTULO

EQUIVALÊNCIA 3

A matemática, vista corretamente, possui não apenas verdade, mas também suprema beleza - uma beleza fria e austera, como a da escultura.

Bertrand Russell

Neste capítulo, iremos tratar de algumas situações de equivalências como, por exemplo, de que maneira devemos prosseguir ao mudar o período de capitalização de uma taxa de juros em uma aplicação no qual o regime adotado é o de juros simples de modo que, mesmo com a alteração, o montante seja o mesmo.

Há outra situação em que vale a pena tratar e essa versa sobre, por exemplo, como devemos proceder ao alterar a quantidade de prestações para quitar uma dívida.

Em outras palavras, após este capítulo teremos ferramentas teóricas suficientes para decidir qual das diferentes situações apresentadas é a melhor ao considerar as alterações possíveis entre a taxa de juros (com seu período de capitalização) ou entre as prestações (alterando o intervalo sobre elas, seu valor ou a quantidade de prestações).

3.1 Taxas Equivalentes

Definição 3.1 (Taxas Equivalentes). Dizemos que duas taxas de juros são *equivalentes* quando, aplicadas a um mesmo capital e durante um mesmo prazo total da aplicação, produzirem o mesmo montante considerando um mesmo regime de capitalização.

Podemos observar que a Definição 3.1 não restringe qual deve ser o regime adotado para que as taxas recebam o nome de taxas equivalentes. Vale salientar que há livros de Matemática Financeira que se referem às taxas equivalentes apenas associadas ao regime de juros compostos. Para que não haja confusão, iremos adotar que taxas equivalentes podem acontecer em qualquer regime de capitalização, desde que atendam às condições da Definição 3.1, com os seguintes acréscimos

(1) quando se tratar de taxas equivalentes no regime de juros simples, diremos que tais taxas são proporcionais. Ou seja, ao chamar as taxas de proporcionais ficará subentendido que estamos tratando do regime de juros simples;

(2) quando for citado apenas taxas equivalentes, sem especificar qual é o regime adotado, assumiremos que tal regime é o de juros compostos.

Vale essa diferenciação, pois iremos tratar delas algumas vezes no livro e isso nos poupará tempo e espaço ao não precisar especificar qual deve ser o regime a considerar. Sendo ainda que cada regime faz com que taxas equivalentes se relacionem de maneiras diferentes.

Teorema 3.1 (Taxas Proporcionais). No regime de juros simples, ao considerar duas taxas de juros proporcionais i_1 e i_2 referentes, respectivamente, aos períodos de capitalização n_1 e n_2, referidos a uma unidade comum de tempo total da operação (n), teremos

$$\frac{i_1}{n_1} = \frac{i_2}{n_2}. \tag{3.1}$$

Demonstração. Para a taxa i_1, teremos que a mesma será aplicada $\frac{n}{n_1}$ (quantidade de aplicações no prazo total da operação). Do mesmo modo, para a taxa i_2, teremos $\frac{n}{n_2}$ capitalizações.

Como as taxas são proporcionais (equivalentes no regime de juros simples), devem gerar o mesmo montante (FV) para um mesmo capital $(PV \neq 0)$. De modo que, teremos

$$\begin{cases} FV = PV\left(1 + i_1 \cdot \frac{n}{n_1}\right) \\ FV = PV\left(1 + i_2 \cdot \frac{n}{n_2}\right). \end{cases}$$

Ou seja,

$$PV\left(1 + i_1 \cdot \frac{n}{n_1}\right) = PV\left(1 + i_2 \cdot \frac{n}{n_2}\right)$$

como $PV \neq 0$, podemos dividir ambos os membros da igualdade por PV, restando

$$1 + i_1 \cdot \frac{n}{n_1} = 1 + i_2 \cdot \frac{n}{n_2}$$

que, organizando, resulta em

$$\frac{i_1}{n_1} = \frac{i_2}{n_2}.$$

□

Exemplo 3.1. Qual é a taxa de juros mensal que é proporcional à taxa de juros anual de 36%?

Solução. Dados: $i_1 = ?$, $n_1 = 1$ mês, $i_2 = 36\%$, $n_2 = 1$ ano

A primeira coisa é notar que ano e mês não estão na mesma unidade de tempo, mas que podemos resolver isso facilmente tratando um ano como sendo doze meses. Ou seja, $n_2 = 12$ meses. Assim,

$$\frac{i_1}{n_1} = \frac{i_2}{n_2} \Rightarrow \frac{i_1}{1} = \frac{36\%}{12} \Rightarrow \boxed{i_1 = 3\% \text{ am.}}$$

Desse modo, a taxa mensal procurada é de 3%.

◇

O que o Exemplo 3.1 nos diz é que tanto faz, no regime de juros simples, trabalhar com uma taxa mensal de 3% ou uma taxa anual de 36%. Pois, em ambos os casos, teremos o mesmo montante após o período de aplicação especificado.

Exemplo 3.2. Verifique se a taxa de 10% aa é proporcional à taxa de 1% am.

Solução. Dados: $i_1 = 1\%$, $n_1 = 1$ mês, $i_2 = 10\%$, $n_2 = 1$ ano

Para colocar as taxas numa mesma unidade de tempo, basta converter o período de um ano para meses. Ficando com: $n_2 = 12$ meses. Assim, devemos verificar se a proporcionalidade é válida.

$$\frac{i_1}{n_1} = \frac{1\%}{1} = \frac{12\%}{12} > \frac{10\%}{12} = \frac{i_2}{n_2} \therefore \frac{i_1}{n_1} \neq \frac{i_2}{n_2}.$$

Nos dando que, as taxas não são proporcionais.

◇

Dadas a definição de taxas proporcionais e sua aplicação em duas situações, uma em que as taxas são proporcionais e outra em que as taxas não são proporcionais, partimos para o resultado que relaciona as taxas equivalentes considerando, dessa vez, o regime de juros compostos.

Teorema 3.2 (Taxas Equivalentes)**.** No regime de juros compostos, ao considerar duas taxas de juros equivalentes i_1 e i_2 referentes, respectivamente, aos períodos de capitalização n_1 e n_2, referidos a uma unidade comum de tempo total da operação (n), teremos

$$1 + i_1 = (1 + i_2)^{\frac{n_1}{n_2}}. \tag{3.2}$$

Demonstração. Temos que as taxas i_1 e i_2, com seus respectivos períodos de capitalização n_1 e n_2, são equivalentes por hipótese e, por isso, devem gerar um mesmo montante se aplicadas a um mesmo capital $(PV \neq 0)$ durante um mesmo período comum de tempo (n).

Além disso, as taxas i_1 e i_2 serão capitalizadas n/n_1 e n/n_2 vezes respectivamente. Desse modo, nos resta que

$$\begin{cases} FV = PV\,(1 + i_1)^{\frac{n}{n_1}} \\ FV = PV\,(1 + i_2)^{\frac{n}{n_2}}. \end{cases} \quad \therefore (1 + i_1)^{\frac{n}{n_1}} = (1 + i_2)^{\frac{n}{n_2}}.$$

Supondo que $n \neq 0$ (nesse caso não haveria operação financeira), temos que n/n_1 possui inverso multiplicativo, logo

$$\begin{aligned} (1 + i_1)^{\frac{n}{n_1}} = (1 + i_2)^{\frac{n}{n_2}} \quad &\Rightarrow \quad \left[(1 + i_1)^{\frac{n}{n_1}}\right]^{\frac{n_1}{n}} = \left[(1 + i_2)^{\frac{n}{n_2}}\right]^{\frac{n_1}{n}} \\ &\Rightarrow \quad (1 + i_1)^{\frac{n}{n_1}\cdot\frac{n_1}{n}} = (1 + i_2)^{\frac{n}{n_2}\cdot\frac{n_1}{n}} \\ &\Rightarrow \quad \boxed{1 + i_1 = (1 + i_2)^{\frac{n_1}{n_2}}} \end{aligned}$$

□

A Fórmula (3.2) para taxas equivalentes (no regime de juros compostos) é um pouco mais robusta do que a Fórmula (3.1), porém ainda se torna necessária por sua utilidade em diversos problemas.

Se quiséssemos uma fórmula para determinar i_1 em função de i_2, n_1 e n_2, bastaria-nos tomar

$$i_1 = (1 + i_2)^{\frac{n_1}{n_2}} - 1.$$

De imediato, não acrescenta muito e, por uma questão de gosto pessoal, manteremos a primeira representação da fórmula.

Algo interessante é notar que nos casos em que couberem k períodos n_2 no período n_1, podemos simplificar a Fórmula (3.2), ficando com

$$1 + i_1 = (1 + i_2)^k.$$

Como no Exemplo 3.3 a seguir.

Exemplo 3.3. Qual é a taxa de juros mensal que é equivalente à taxa de juros anual de 36%?

Solução. Dados: $i_1 = 36\%$, $n_1 = 1$ ano, $i_2 = x\%$, $n_2 = 1$ mês

Os períodos devem estar na mesma unidade de tempo que, nesse caso, iremos trabalhar com meses. Ou seja, $n_2 = 12$ meses. De modo que cabem $k = 12$ períodos n_2 no período n_1. Assim,

$$1 + i_1 = (1 + i_2)^k \Rightarrow 1 + 0,36 = (1 + i_2)^{12} \Rightarrow i_2 = 1,36^{\frac{1}{12}} - 1.$$

Desse modo, utilizando uma calculadora[1], encontramos que a taxa

[1]Na calculadora, digite a expressão $1,36 \wedge (1 \div 12) - 1 =$

mensal procurada é de, aproximadamente, $2,6\%$.

$\diamond$

Exemplo 3.4. O panfleto[a] de uma loja de eletrodomésticos diz que a taxa de juros mensal adotada pela loja é proporcional a 48% ao ano. Responda:

(a) qual é a taxa mensal aplicada pela loja nas suas operações financeiras?

(b) para que a taxa anual (apresentada no panfleto) fosse equivalente a uma taxa mensal, qual deveria ser a taxa mensal?

(c) qual é a taxa real aplicada pela loja no período de um ano?

[a]Esse panfleto realmente existiu.

Solução. Iremos solucionar cada item separadamente.

(a) Observe que, pelo enunciado do exemplo, podemos assumir $i_1 = x$, $n_1 = 1$ mês, $i_2 = 48\%$ e $n_2 = 1$ ano (12 meses). De modo que para que i_1 e i_2 referidas aos seus respectivos períodos de capitalização sejam proporcionais, pela Fórmula (3.1), teremos

$$\frac{x}{1} = \frac{48\%}{12} \Rightarrow x = 4\%.$$

Ou seja, a taxa de juros mensal adotada pela loja é de 4%.

(b) Agora, podemos assumir $i_1 = x$, $n_1 = 1$ mês, $i_2 = 48\%$ e $n_2 = 1$ ano (12 meses). De modo que para que as taxas i_1 e i_2 referidas aos seus respectivos períodos de capitalização sejam equivalentes, pela Fórmula (3.2), teremos

$$1 + x = (1 + 0,48)^{\frac{1}{12}} \Rightarrow x \approx 0,033.$$

Ou seja, a taxa de juros mensal adotada pela loja deveria ser de $3,3\%$ aproximadamente.

(c) Para que a taxa anual fosse equivalente a taxa mensal de 4% aplicada pela loja, teríamos

$$1 + x = (1 + 0,04)^{12} \Rightarrow x \approx 60,1\%.$$

Logo, a taxa de juros anual aplicada pela loja de eletrodoméstico do exemplo é de, aproximadamente, $60,1\%$ e não de 48%.

$\diamond$

Muitas vezes nos deparamos com situações em que são apresentadas taxas de juros referentes a um dado período, mas com um período de capitalização diferente.

Por exemplo, considere uma taxa de 12% aa com capitalização mensal. Essa taxa (se for tratada como as outras taxas que utilizamos até aqui) não é de 12% aa, pois sua capitalização não é anual. Nesses casos, tratamos a taxa de juros referente ao período maior como sendo proporcional à taxa de juros. Ou seja, uma taxa de 12% aa com capitalização mensal é, na verdade, uma taxa de 1% am. Pode parecer a mesma coisa, mas utilizando a Fórmula (3.2), temos que 1% am é o mesmo que

$$1,01^{12} - 1 \approx 12,68\% \text{ aa}$$

que é maior do que 12% aa apresentada inicialmente.

Para elucidar isso, temos a Definição 3.2 e o Teorema 3.3 a seguir.

Definição 3.2 (Taxa Nominal e Taxa Efetiva)**.** Para que uma taxa de juros seja considerada *efetiva* é necessário e suficiente que o período ao qual ela se refere coincida com o seu período de capitalização. Caso contrário, a taxa será dita *nominal*.

Exemplo 3.5. Uma taxa de juros de 48% aa com capitalização mensal é dita uma taxa nominal. Por outro lado, uma taxa de juros de 48% aa com capitalização anual é dita uma taxa efetiva.

Observação: quando não é dito qual é o período de capitalização explicitamente, devemos considerar o mesmo como sendo igual ao período apresentado para a taxa. Ou seja, nas taxas em que não é especificado o período de capitalização explicitamente são assumidas como taxas efetivas (como fizemos nos exemplos, exercícios e resultados até aqui).

É possível relacionar as taxas nominal e efetiva utilizando a noção que a taxa nominal é proporcional a uma taxa auxiliar (i_a) referente ao período de capitalização da taxa nominal e que a taxa efetiva é equivalente a essa taxa i_a.

Vejamos, no teorema a seguir, como podemos relacionar essas informações para encontrar essa relação efetivamente.

Teorema 3.3. A taxa efetiva (i_f) é dada por

$$i_f = \left(1 + \frac{i}{k}\right)^k - 1,$$

onde i é a taxa nominal de juros e k é o número de capitalizações para um período total (n) de taxa nominal.

Demonstração. Considere uma taxa auxiliar i_a, cujo período de capitalização cabe k vezes no período total (n), que é proporcional à taxa i no período de capitalização n. Assim, pela Fórmula (3.1), temos $i_a = \frac{i}{k}$. Além disso, a taxa efetiva i_f com período de capitalização n é equivalente a taxa i_a, de modo que, pela Fórmula (3.2), temos

$$i_f = \left(1 + \frac{i}{k}\right)^k - 1.$$

□

Exemplo 3.6. Encontre a taxa efetiva anual relacionada à taxa nominal de 48% aa com capitalização mensal.

Solução.

Dados:	$i = 48\%,\ k = 12, i_f = ?$

Temos que

$$i_f = \left(1 + \frac{i}{k}\right)^k - 1 \Rightarrow i_f = \left(1 + \frac{0,48}{12}\right)^{12} - 1 \approx 0,601.$$

Assim, a taxa efetiva anual é, aproximadamente, $60,1\%$.

◇

Pelo que foi apresentado, podemos observar uma conexão entre as taxas ditas nominais e aquelas ditas proporcionais e entre as taxas ditas efetivas e aquelas ditas equivalentes.

Os nomes nominais e efetivas são bem sugestivas uma vez que as nominais são as que, geralmente, aparecem escritas (nomes) nos contratos e as efetivas são aquelas que efetivamente são aplicadas nas operações financeiras.

O que faz surgir o questionamento de por que usar as nominais nos contratos ao invés de usar as taxas efetivas já que são essas taxas que realmente regem as operações. Veja o próximo teorema e tente tirar suas próprias conclusões.

Teorema 3.4. Uma taxa nominal, cujo período de capitalização é menor do que o período total da operação financeira, é menor do que a taxa efetiva referente ao período total da operação financeira.

Demonstração. Consideremos a taxa i_N referente ao período total n_T da operação, que é capitalizada a cada período n_1. Ou seja, como a taxa auxiliar i_a referente ao período n_1 utilizada na operação é proporcional à taxa i_N com capitalização a cada período n_T, temos a relação

$$\frac{i_a}{n_1/n_T} = \frac{i_N}{n_T/n_T} \Rightarrow i_a = i_N \cdot \frac{n_1}{n_T}.$$

De modo que, a taxa efetiva i_f (equivalente a i_a) com período de capitalização n_T é dada por

$$i_f = (1 + i_a)^{\frac{n_T}{n_1}} - 1.$$

Observe que estamos considerando $n_T > n_1$, pois n_1 é um período de capitalização menor do que o período total n_T. Além disso, por i_a ser uma taxa de juros e para que a operação faça sentido, temos $i_a > -1$. Pela monotonicidade de $f(n) = (1+i)^n$, com $i > -1$ e $n \in \mathbb{R}$, iremos assumir que a Desigualdade de Bernoulli vale para qualquer número real que seja maior do que $n = 1$ (não apenas para os números naturais como no Teorema 2.5), de modo que

$$
\begin{aligned}
i_f = (1+i_a)^{\frac{n_T}{n_1}} - 1 \;\Rightarrow\; & i_f > \left(1 + i_a \cdot \frac{n_T}{n_1}\right) - 1 \\
\Rightarrow\; & i_f > i_a \cdot \frac{n_T}{n_1} = i_N \\
\Rightarrow\; & i_f > i_N
\end{aligned}
$$

Nos dando que, realmente, a taxa efetiva é sempre numericamente maior do que a taxa nominal.

□

Exemplo 3.7. Uma taxa nominal de 48% aa com capitalização mensal é equivalente a uma taxa efetiva de, aproximadamente, $60,1\%$ aa.

Exercícios

Exercício 3.1. Verifique se a taxa de 6% ao bimestre é proporcional à taxa de 20% ao ano.

Exercício 3.2. Qual é a taxa mensal efetiva relacionada à taxa de juros anual de 60% com capitalização mensal?

Exercício 3.3. Calcule a taxa anual equivalente a 3% ao mês.

Exercício 3.4. Calcule a taxa mensal equivalente a taxa anual de 50%.

Exercício 3.5. Determine a taxa nominal com capitalização mensal, da qual resultou a taxa efetiva de 60% ao ano.

Exercício 3.6. Sendo i a taxa nominal e k a quantidade de capitalizações para um período de taxa nominal e considerando o regime de capitalização de juros compostos, mostre que

$$FV = PV\left(1 + \frac{i}{k}\right)^{kn}.$$

Exercício 3.7 (Capitalização Contínua)**.** Seja i uma taxa nominal e seja k uma subdivisão do período de capitalização nominal dessa taxa. Utilize o Exercício 3.6, para mostrar que, se

$k \to +\infty$ em um período de n períodos da taxa i, temos

$$FV = PV \cdot e^{i \cdot n}.$$

Em que: $e = \lim(1 + 1/n)^n$ (como Exercício 1.52) e i é dita taxa contínua.

Conclua que sendo i_f a taxa efetiva relativa ao regime de juros compostos, mostre que

$$i_f = e^i - 1.$$

Exercício 3.8. Utilize o Exercício 3.7 para mostrar que se duas taxas contínuas são equivalentes (geram o mesmo montante quando aplicadas a um mesmo capital e por um mesmo período de tempo), então essas taxa devem ser proporcionais.

Exercício 3.9. Encontre os juros de uma aplicação de R\$ 1.000,00 a 20% aa com capitalização mensal pelo prazo de 3 anos e 4 meses.

3.2 Equivalência de Capitais

Agora iremos tratar de como proceder ao deslocar um valor no tempo ou ao trocar um conjunto de valores por outro de modo que o valor efetivo do capital não seja alterado sempre considerando o regime de juros compostos.

Para isso, faremos uso do conceito de equivalência de capitais que nos permite transformar formas de pagamentos ou recebimentos em outras formas equivalentes e isso ocorre quando queremos trocar uma dívida por outra ou por várias, de modo geral, com períodos de capitalizações diferentes.

Para determinar se os capitais são equivalentes, devemos considerar esses capitais em uma mesma data à qual chamaremos de *data focal*. E ao considerar esses capitais na data focal, geraremos uma equação para determinar se os capitais serão ou não equivalentes e a essa equação chamaremos de *equação de valor*.

Para tratar desses capitais assumiremos que *títulos de crédito* são dispositivos que documentam dívidas a serem pagas em uma data previamente estipulada (chamada de data de vencimento). Por exemplo, *nota promissória, letra de câmbio* e *duplicata*.

Vale reforçar que as letras de câmbio podem ser nominal, quando especifica nominalmente no título quem deve receber aquela quantia, ou ao portador, quando qualquer pessoa que possua o papel pode receber a quantia especificada. Essa segunda possibilidade (letra de câmbio ao portador) é proibida pela Lei 8.021/90.

Com isso, podemos definir o que são capitais equivalentes.

Definição 3.3 (Equivalência de Capitais). Capitais equivalentes são (dois ou mais) capitais, supostos com datas de vencimento determinadas, que quando considerados em uma mesma data focal, à mesma taxa de juros e em idênticas condições, produzem valores iguais.

Como devemos mudar as datas dos títulos de créditos, devemos saber movimentar valores na linha temporal e é isso que veremos a seguir.

3.2.1 Um capital em datas diferentes

Para considerar um capital em diferentes datas devemos acrescentar a esse um fator de atualização, que pode ser determinado ao considerar FV_n como sendo o montante gerado após n sucessivas capitalizações de um capital PV a uma taxa de juros i.

Podemos relembrar que FV_n assim configura-se em uma PG de razão $q = 1 + i$ e primeiro termo $FV_0 = PV$. De modo que, ao considerar um valor numa data n como sendo $FV_n = FV$ e quisermos saber qual deveria ser o valor considerado na data $t < n$ tal que, se esse valor for aplicado da data t até a data n, ou seja, após $k = n - t$ capitalizações, retorne ao valor FV, teremos

$$FV_n = FV_t \cdot (1+i)^{n-t} \quad \Rightarrow \quad FV = FV_t \cdot (1+i)^k$$

$$\Rightarrow \quad \boxed{FV_t = \frac{FV}{(1+i)^k}}$$

Sendo que o fator de atualização citado anteriormente é simplesmente $(1+i)^k$ sendo que k é o deslocamento temporal para o futuro (direita), onde deveremos multiplicar o valor na data t por $(1+i)^k$, ou para o passado (esquerda), onde deveremos dividir o valor na data n por $(1+i)^k$. Vejamos a representação gráfica a seguir.

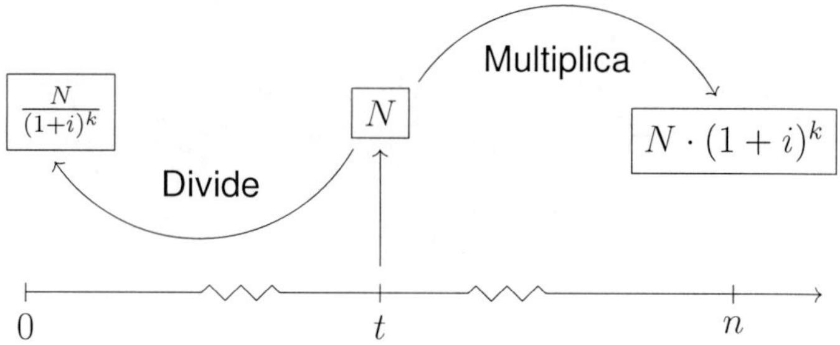

Exemplo 3.8. Um título, na data $n = 6$, vale R$ 1.000,00. Determine o valor desse título nas datas $n = 3$ e $n = 10$ considerando uma taxa de juros de $i = 4\%$ am.

Solução. Dados: $FV_6 = 1000$, $i = 4\%$, $FV_3 = ?$, $FV_{10} = ?$

Ora, temos que $FV_6 = 1000$ e $i = 4\%$ am.

(i) Para FV_3, temos $k = 6 - 3 = 3$ e estamos deslocando o valor para a esquerda de sua posição original. Logo,

$$FV_3 = \frac{FV_6}{(1+i)^k} = \frac{1000}{1,04^3} \approx 889$$

De modo que, FV_3 deve ser aproximadamente R$ 889,00.

(ii) Para FV_{10}, temos $k = 10 - 6 = 4$ e estamos deslocando o valor para a direita de sua posição original. Logo,

$$FV_{10} = FV_6 \cdot (1+i)^k = 1000 \cdot 1,04^4 \approx 1169,86$$

De modo que, FV_{10} deve ser aproximadamente R$ 1.169,86.

◇

O Exemplo 3.8 apresenta uma possibilidade de como proceder ao adiar ou adiantar uma dívida. Por exemplo, se você deve pagar uma quantia de R$ 1.000,00 daqui a seis meses, porém decide adiantar tal pagamento para daqui a três meses, qual deve ser o valor pago? Os mesmos R$ 1.000,00?

Se podemos pagar R$ 1.000,00 daqui a seis meses, qual seria o motivo de pagar essa dívida antecipadamente sem que haja um retorno financeiro por tal ato? Não há muitos motivos nessas condições.

Por isso, segundo o que foi apresentado no Exemplo 3.8, a ideia seria pagar apenas R$ 889,00 se a taxa de juros mensal for de 4%.

A situação contrária é óbvia. Pois, se houver um atraso, juros devem ser acrescentados à dívida. E por ser adotado um regime de juros compostos, a dívida cresce de maneira exponencial.

De posse das ferramentas que possibilitam tratar de um capital em datas diferentes, estamos munidos do que é necessário para tratar de dois conjuntos de capitais de modo a determinar se esses são ou não equivalentes. Vejamos mais na subseção a seguir.

3.2.2 Conjuntos de capitais equivalentes

Há situações, como apontado na Definição 3.3, em que devemos tratar com mais de um valor (título) e são nessas situações que surgem as equações de valor.

Exemplo 3.9. Uma loja de produtos eletrônicos vende suas mercadorias aceitando pagamentos parcelados, de modo que o cliente dá uma entrada de 20% no ato da compra e o valor restante é dividido em três prestações iguais, pagas, respectivamente, em 30, 60 e 90 dias após a aquisição da mercadoria. Nessa loja, cada parcela incorpora juros de 10% ao mês, contados desde a compra até o momento do pagamento.

Considere que um cliente deseja comprar uma televisão nessa loja de forma parcelada, pretendendo gastar, no máximo, R$ 3.500,00 e que o preço à vista da televisão é de R$ 3.000,00.

Em relação ao valor máximo que o cliente pretende gastar, o valor total a ser pago pela televisão excede ou sobra dinheiro? Em quantos reais?

Solução. O enunciado apresenta que o valor à vista do aparelho de televisão é de R$ 3.000,00 e que a taxa de juros adotada numa compra parcelada em três parcelas mensais é de 10% ao mês.

Por outro lado, não nos foi dado o valor da prestação e deveremos encontrá-lo para determinar qual será o gasto total ao realizar a compra a prazo.

Vejamos a linha temporal que representa os dados do problema.

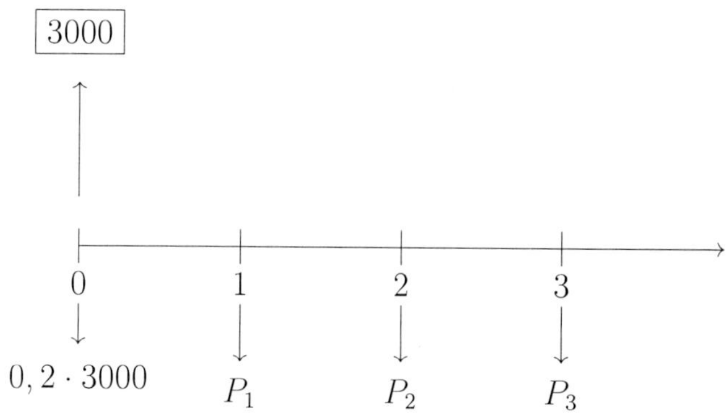

Para a escolha da data focal, temos que escolher a data que os translados dos valores gerem uma equação mais fácil de resolver.

De modo geral, a data focal é escolhida para coincidir com a data em que se encontra a incógnita do problema a ser resolvido. Pois, isso nos livra de precisar de um fator de atualização junto ao dado que buscamos determinar.

Nesse caso, não há muito o que analisar e escolheremos a data 0 como sendo a data focal com o entendimento de que poderia ser qualquer uma das outras três datas disponíveis no problema.

Como iremos deslocar as parcelas para a esquerda, deveremos dividir cada uma delas pelo fator $(1+0,1)^k$, onde k indica o número da prestações.

Além das prestações, temos os 20% referentes ao valor da entrada e esse, por sua vez, já se encontra na data focal, não precisando de atualização no seu valor.

Vejamos como fica a equação de valor:

$$3000 = 0,2 \cdot 3000 + \frac{P_1}{1,1} + \frac{P_2}{1,1^2} + + \frac{P_3}{1,1^3}.$$

Além disso, as parcelas são iguais (a P). Ficando

$$3000 = 0,2 \cdot 3000 + \frac{P}{1,1} + \frac{P}{1,1^2} + \frac{P}{1,1^3}.$$

Resolvendo, temos

$$\underbrace{P\left(\frac{1}{1,1} + \frac{1}{1,1^2} + \frac{1}{1,1^3}\right)}_{=\frac{3310}{1331}} = \underbrace{3000 - 0,2 \cdot 3000}_{=2400}.$$

Disso, temos

$$P = 2400 \cdot \frac{1331}{3310} \approx 965,08.$$

Logo, cada prestação terá um valor aproximado de R$ 965,08. De modo que o valor total pago pelo cliente é

$$T = 0,2 \cdot 3000 + 3 \cdot P \approx 3495,23.$$

Nos dando que, dos R$ 3.500,00 que estão disponíveis para serem gastos pelo cliente, sobraram R$ 4,77.

◇

Podemos notar que o processo subentendido na resolução do Exemplo 3.9 é de que há uma equivalência entre dois conjuntos de capitais. Sendo o primeiro conjunto o valor à vista da televisão e o segundo conjunto sendo a entrada junto às prestações. Fica subentendido que o valor efetivo desses conjuntos de capitais é um aparelho de televisão e, por isso, são equivalentes. Possibilitando, assim, resolver o problema ao considerá-los em uma mesma data focal.

Exemplo 3.10. Três títulos, um para dez meses no valor de R$ 6.000,00, outro para quinze meses no valor de R$ 10.000,00 e outro para vinte meses no valor de R$ 12.000,00, foram substituídos por dois outros, sendo o primeiro de R$ 14.000,00 para cinco meses e o segundo para um ano e meio. Sabendo que a taxa mensal de juros compostos adotada é de 4%, determine o valor do título cuja data de vencimento é para um ano e meio.

Solução. Pelas informações disponíveis no enunciado, temos dois conjuntos de capitais equivalentes em que a taxa de juros é de 4% am.

$$C_1 : \begin{cases} FV_1 = 6000 \rightarrow 10 \text{ meses} \\ FV_2 = 10000 \rightarrow 15 \text{ meses} \\ FV_3 = 12000 \rightarrow 20 \text{ meses} \end{cases} \quad \text{e } C_2 : \begin{cases} FV_4 = 14000 \rightarrow 5 \text{ meses} \\ FV_5 = x \rightarrow 18 \text{ meses} \end{cases}$$

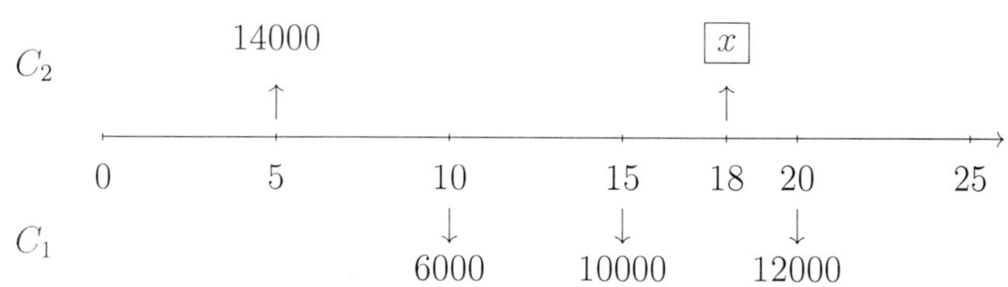

Para facilitar as contas, iremos escolher a data de vencimento do título para dezoito meses como a data focal. Pois, assim, não precisaremos dividir ou multiplicar esse termo pelo fator de atualização.

Com isso, temos que o valor efetivo do primeiro conjunto de capitais (C_1) na data focal 18 é dado por

$$C_1 = 6000 \cdot (1+0,04)^8 + 10000 \cdot (1+0,04)^3 + \frac{12000}{(1+0,04)^2}$$

De modo que: $C_1 \approx 30554,73$.

Para o segundo conjunto, também na data focal 18, temos

$$C_2 = 14000 \cdot (1+0,04)^{13} + x \approx 23311,03 + x.$$

Como os capitais são equivalentes, nos resta que

$$\begin{aligned} C_1 = C_2 \quad &\Rightarrow \quad 30554,73 \approx 23311,03 + x \\ &\Rightarrow \quad 30554,73 - 23311,03 \approx x \\ &\Rightarrow \quad x \approx 7243,43 \end{aligned}$$

O valor procurado para o quinto título é de R$ 7.243,43 aproximadamente.

◇

Exercícios

Exercício 3.10. Na venda de um equipamento, uma loja oferece duas alternativas a seus clientes:

(i) R$ 5.000,00 de entrada mais duas parcelas trimestrais, sendo a primeira de R$ 1.500,00 e a segunda de R$ 1.000,00.

(ii) sem entrada, sendo o pagamento efetuado em 5 parcelas mensais de R$ 1.500,00.

Qual a melhor alternativa para o comprador, se considerarmos a taxa de juros compostos de mercado de 4% am?

Exercício 3.11. Na venda de um equipamento, a loja Felicidade oferece duas alternativas a seus clientes:

(i) R$ 5.000,00 de entrada mais duas parcelas semestrais, sendo a primeira de R$ 7.000,00 e a segunda de R$ 10.000,00;

(ii) sem entrada, sendo o pagamento efetuado em 4 parcelas trimestrais: R$ 4.500,00 nas duas primeiras e R$ 6.000,00 nas duas últimas.

Qual a melhor alternativa para o comprador, se considerarmos a taxa de juros de mercado de $5,5\%$ am?

Exercício 3.12. Três títulos, um para oito meses no valor de R$ 5.000,00, outro para dez meses no valor de R$ 10.000,00 e outro para vinte meses no valor de R$ 2.000,00, foram substituídos por dois outros, sendo o primeiro de R$ 6.000,00 para cinco meses e o segundo para um ano e meio. Sabendo que a taxa mensal de juros compostos adotada é de 3%, determine o valor do título cuja data de vencimento é para um ano e meio.

Exercício 3.13. João tem uma dívida com Paulo referente a doze parcelas mensais de R$ 100,00. Porém está sem trabalhar e, consequentemente, sem condições de honrar com o compromisso. Por isso, pede a Paulo que, ao invés das doze parcelas, ele pague apenas uma única parcela ao final do prazo de um ano. Sabendo que a taxa de juros amigável dessa operação é de 0,5% ao mês e que Paulo aceitou a proposta, quanto João deve pagar ao final de um ano?

Exercício 3.14. João tem uma dívida com Paulo referente a doze parcelas mensais de R$ 100,00. Porém conseguiu uma promoção no trabalho e, consequentemente, melhores condições de honrar com o compromisso. Por isso, pede a Paulo que, ao invés das doze parcelas, ele pague apenas quatro parcelas trimestrais. Sabendo que a taxa de juros amigável dessa operação é de 0,5% ao mês e que Paulo aceitou a proposta, quanto João deve pagar na parcela trimestral?

Exercício 3.15. João tem uma dívida com Paulo referente a doze parcelas mensais de R$ 100,00. Porém conseguiu uma promoção no trabalho e, consequentemente, melhores condições de honrar com o compromisso. Por isso, pede a Paulo que, ao invés das doze parcelas, ele pague tudo de uma vez hoje. Sabendo que a taxa de juros amigável dessa operação é de 0,5% ao mês e que Paulo aceitou a proposta, quanto João deve pagar nessa parcela única?

Exercício 3.16. João e Paulo estão conversando sobre poupança. Paulo, hoje, tem mais dinheiro disponível para gastar ou investir do que João. João disse a Paulo que vai depositar a cada final de mês, durante o período de um ano, a quantia de R$ 100,00 em uma conta poupança que rende juros a uma taxa de 0,5% ao mês. Paulo achou a ideia do amigo interessante e decidiu depositar hoje numa poupança no mesmo banco uma única quantia que deverá render ao final de um ano o mesmo que rendeu o investimento de João. Quanto deve ser o depósito de Paulo?

CAPÍTULO

4

DESCONTOS

> *O matemático não é só um pensador; ele é um artista.*
>
> **Paul Erdos**

Neste capítulo, iremos tratar sobre alguns descontos, que é um dispositivo financeiro muito utilizado pelos bancos em situações de empréstimos de certas quantias. Para introduzir tal assunto, propomos a seguinte situação: imagine que você é dono de uma loja e faz uma grande venda a um cliente confiável, de tal modo que o pagamento foi realizado por meio de um título de crédito especial, um cheque pré-datado[1], para daqui a três meses.

Imagine ainda que aconteceu algum imprevisto e você precisará do dinheiro um mês antes do combinado e, por isso, vai ao banco tentar um empréstimo apresentando o cheque pré-datado como garantia de pagamento do empréstimo. O banco aceita a garantia e apresenta uma proposta de negócio.

A questão é a seguinte: quanto o banco deve emprestar a você um mês antes do vencimento do cheque pré-datado? Devemos levar em conta que o banco não está "comprando" o cheque pré-datado. Ele irá apenas aceitar o cheque como uma garantia de pagamento e você ficará devendo ao banco caso o cheque venha a se tornar sem fundos. Ou seja, o responsável pelo pagamento ao banco continuará sendo você.

Logicamente, o valor recebido (chamaremos de valor atual e denotaremos por A) antes da data do vencimento do cheque será menor do que o valor nominal do cheque (denotaremos tal valor por N), pois o mesmo está localizado em um período anterior a esse e já vimos que o dinheiro tem valores diferentes em datas diferentes.

À diferença de valor entre o valor nominal e o valor recebido, chamaremos de desconto e denotaremos por D. Ou seja,

$$D = N - A \tag{4.1}$$

[1]Um cheque pré-datado é um título que indica que uma certa pessoa deve receber um certo valor numa certa data. Tudo especificado no cheque, sendo que o dono do cheque não poderá receber o dinheiro antes da data estipulada. Há ainda o risco de que na data de receber o dinheiro do cheque, a conta do pagador não tenha dinheiro para o pagamento (conhecido como cheque sem fundos) e, nesse caso, não haverá pagamento.

Há dois tipos mais comuns de descontos e veremos esses no restante do capítulo.

4.1 Desconto Racional

O desconto racional (também conhecido como "desconto por dentro")[2] coincide simplesmente com os juros de uma operação, podendo essa ser considerada no regime de juros simples ou de juros compostos. Ou seja, no desconto racional, o banco determina qual deve ser o valor aplicado hoje para que tenhamos um montante da operação na data de vencimento seja igual ao valor nominal da operação.

Graficamente, temos

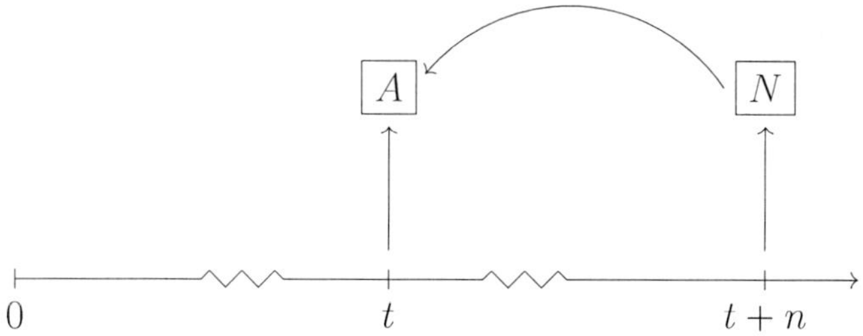

Para o efeito de cálculo do desconto e para as suas fórmulas iremos considerar n referido ao período de antecipação do recebimento.

[2]O termo "por dentro" surge pela relação do desconto racional simples ser proporcional ao valor atual que é um valor entre os extremos da linha temporal da operação.

Para o desconto racional, temos duas possibilidade a considerar: o regime de juros simples (chamaremos de desconto racional simples e denotaremos por DR_s) e o regime de juros composto (chamaremos de desconto racional composto e denotaremos por DR_c).

A dedução da fórmula é simples. Como devemos sair do valor A (tratado como capital) na data de referência t para um valor capitalizado N (como um montante) na data $t + n$ (n períodos de capitalizações após a data t) a uma taxa de juros i, temos

(i) No regime de juros simples, temos

$$N = A(1 + i \cdot n) \Rightarrow \boxed{A = \frac{N}{1 + i \cdot n}}$$

Pela Fórmula (4.1), temos

$$DR_s = N - A \Rightarrow \boxed{DR_s = A \cdot i \cdot n}$$

Nas vezes em que o valor atual não for apresentado diretamente, podemos considerar que

$$DR_s = N - A \Rightarrow DR_s = N - \frac{N}{1 + i \cdot n} \Rightarrow \boxed{DR_s = \frac{N \cdot i \cdot n}{1 + i \cdot n}}$$

(ii) No regime de juros compostos, temos

$$N = A(1 + i)^n \Rightarrow \boxed{A = \frac{N}{(1 + i)^n}}$$

Novamente, pela Fórmula (4.1), temos

$$DR_c = N - A \Rightarrow \boxed{DR_c = A[(1+i)^n - 1]}$$

Entretanto, algumas vezes não nos é dado o valor atual do título, mas podemos atualizar a fórmula para o desconto racional composto ao considerar o valor nominal na fórmula, vejamos

$$\begin{aligned} DR_c = N - A \quad &\Rightarrow \quad DR_c = N - \frac{N}{(1+i)^n} \\ &\Rightarrow \quad \boxed{DR_c = N\left[1 - \frac{1}{(1+i)^n}\right]} \end{aligned}$$

Muitas vezes, ao tratar do valor atual referente ao desconto racional, podemos chamar o valor atual de valor descontado ou valor racional.

Veremos agora alguns exemplos de como trabalhar com esses conceitos e fórmulas.

Exemplo 4.1. Um título de valor nominal de R$ 10.500,00 foi descontado nove meses antes de seu vencimento pelo valor de R$ 8.750,00 utilizando o desconto racional simples. Determine a taxa de desconto anual aplicada nessa operação.

Solução. $\boxed{\text{Dados:} \quad N = 10500,\ A = 8750,\ n = 9,\ i = ?}$

Como estamos tratando com desconto racional simples, podemos utilizar a fórmula $N = A(1 + i \cdot n)$, nos dando

$$10500 = 8750(1 + i_m \cdot 9) \Rightarrow i_m = \frac{10500 - 8750}{9 \cdot 8750} \approx 0,022.$$

Com isso, temos que a taxa mensal utilizada na operação foi de, aproximadamente, 2,2% am. Para finalizar, devemos notar que o problema pede a taxa anual e, por estarmos tratando de juros simples, temos que as taxas mensal e anual são proporcionais. De modo que a taxa anual requerida é

$$i_a = 12 \cdot i_m \Rightarrow i_a \approx 26,67\% \text{ aa}.$$

◇

Exemplo 4.2. Calcule o desconto racional simples de um título de valor nominal igual a R$ 7.500,00 resgatado dois anos antes de seu vencimento, à taxa de juros de 24% aa.

Solução. Dados: $N = 7500,\ n = 2,\ i = 24\%$ aa, $DR_s = ?$

Uma vez que:

$$DR_s = \frac{N \cdot i \cdot n}{1 + i \cdot n}$$

nos resta que

$$DR_c = \frac{7500 \cdot 0,24 \cdot 2}{1 + 0,24 \cdot 2} \approx 2432,43.$$

O desconto racional composto dessa operação é, aproximadamente, igual a R$ 2.432,43.

◇

Exemplo 4.3. Determine o desconto racional composto de um título de valor nominal igual a R$ 8.500,00 descontado cinco meses antes de seu vencimento à taxa de desconto de 3,5% am.

Solução. | Dados: $N = 8500,\ n = 5,\ i = 3,5\%$ am, $DR_c = ?$ |

Temos que

$$DR_c = N\left[1 - \frac{1}{(1+i)^n}\right] \Rightarrow DR_c = 8500\left[1 - \frac{1}{(1+0,035)^5}\right]$$

nos dando que DR_c é, aproximadamente, R$ 1.343,23.

◇

Exemplo 4.4. Determine o valor de um título com vencimento para daqui a dois anos, sabendo-se que seu valor atual é igual a R$ 7.500,00 e a taxa de desconto é de 36% aa com capitalização trimestral.

Solução. Podemos começar organizando os dados apresentados no enunciado. Como a taxa é de 36% aa com capitalização trimestral e há quatro trimestres em um ano, temos que a taxa efetiva é

$$i_T = \frac{36\%}{4} = 9\% \Rightarrow \boxed{i_T = 9\% \text{ at}}$$

Além disso, há 8 trimestres em dois anos, nos dando que $n = 8$.

| Dados: $A = 7500,\ i_T = 9\%$ at, $n = 8,\ N = ?$ |

Desse modo, temos[3]

$$N = A(1+i)^n \Rightarrow N = 7500 \cdot (1+0,09)^8 \Rightarrow \boxed{N \approx 14944,22}$$

Assim, o valor do título é, aproximadamente, R$ 14.944,22. ◇

---

[3]Como não diz qual deve ser o regime, adota-se o de juros compostos.

Exemplo 4.5. Calcule o desconto racional composto de um título de valor nominal igual a R$ 7.500,00 resgatado dois anos antes de seu vencimento, à taxa de juros de 24% aa com capitalização mensal.

Solução. Devemos encontrar a taxa efetiva da operação. Uma taxa 24% aa é equivalente a uma taxa mensal igual a

$$i_M = \frac{24\%}{12} = 2\% \Rightarrow i_M = 2\% \text{ am}.$$

Agora, podemos extrair os dados necessários para resolver o problema proposto.

Dados:	$N = 7500$, $n = 24$, $i_M = 2\%$ am, $DR_c = ?$

Uma vez que:

$$DR_c = N\left[1 - \frac{1}{(1+i)^n}\right]$$

nos resta que

$$DR_c = 7500\left[1 - \frac{1}{1,02^{24}}\right] \approx 2837,09$$

O desconto racional composto dessa operação é igual a R$ 2.837,09 aproximadamente.

◇

Os descontos racionais (no regime de juros simples e juros compostos) por vezes não são abordados por professores de Matemática Financeira ou por livro do assunto, pois os mesmos, de certa forma, não acrescentam à teoria por sua equivalência[4] aos regimes de juros simples e compostos.

Além disso, não são usados na prática pelos bancos, por exemplo. Não são usuais uma vez que a taxa de juros coincide com a taxa de desconto. Ou seja, para o banco tanto faz emprestar o dinheiro ao portador do título (cheque pré-datado) ou deixá-lo rendendo em uma conta que renda a uma taxa de juros igual a taxa de desconto.

Deixar o dinheiro rendendo é melhor para o banco por não precisar correr o risco de o portador falhar no pagamento e ficar inadimplente com o banco.

Por essas últimas observações, surge a necessidade de uma nova operação para que o desconto seja interessante não apenas para o portador do título para uma data futura, mas também para o banco. A essa operação chamaremos de desconto comercial e trataremos dela na próxima seção.

[4]As fórmulas do desconto racional são uma releitura das fórmulas do capital (valor atual), montante (valor nominal) e juros (desconto) para os regimes de juros simples e compostos.

Exercícios

Exercício 4.1. Sabendo-se que o desconto de R$ 948,75 foi obtido com um título de R$ 5.500,00 à taxa de 1,15% ao mês, calcule o prazo da antecipação considerando o desconto racional

(a) simples. (b) compostos.

Exercício 4.2. Mostre que o desconto racional simples é

$$DR = \frac{N}{\frac{1}{i \cdot n} + 1}.$$

Sendo N o valor nominal do título, i a taxa de desconto da operação e n o prazo de antecipação do recebimento.

Exercício 4.3. Uma pessoa pretende saldar um título de valor igual a R$ 10.000,00, dez meses antes de seu vencimento a taxa de desconto racional de 2% am. Encontre o valor do desconto simples por dentro e o valor descontado.

Exercício 4.4. Uma nota promissória, de valor nominal igual a R$ 4.000,00, foi descontada n meses antes de seu vencimento. Sabendo que o desconto racional simples foi de R$ 800,00 e que a taxa era de 5% aa, determine o período de antecipação?

Exercício 4.5. Considerando o desconto racional composto, por quanto devemos comprar hoje um título com vencimento daqui a quatro meses de valor nominal R$ 10.000,00, se a taxa de juros é de $1,5\%$ am?

Exercício 4.6. Mostre que o desconto racional composto é dado por

$$DR = N\left[1 - \frac{1}{\left(1 + \frac{i}{k}\right)^{kn}}\right]$$

onde i é a taxa nominal e k é a quantidade de capitalizações para um período de taxa nominal.

Exercício 4.7. Encontre o desconto racional composto de um título de valor nominal R$ 100.000,00 descontando 6 meses antes de seu vencimento à taxa de 4% am.

Exercício 4.8. O valor nominal de um título é R$ 6.500,00 e o desconto racional composto foi de R$ 835,63. Determine o prazo de antecipação se a taxa de desconto é $3,5\%$ am.

Exercício 4.9. Encontre o valor de desconto comercial composto e a taxa anual efetiva, de uma duplicata de R$ 15.000,00 com um prazo de 75 dias e uma taxa de desconto de 28% aa.

Exercício 4.10. Uma empresa deve R$ 80.000,00 a um banco, cujo vencimento se dará daqui a dez meses. No entanto, quatro meses antes do vencimento da dívida resolve quitar antecipadamente o empréstimo e solicita ao banco um desconto.

O banco informa que opera de acordo com o conceito de desconto composto racional, sendo sua taxa de desconto para esse tipo de operação de 3,5% ao mês. Calcule o valor líquido que a empresa deve pagar ao banco quando for liquidar sua dívida.

4.2 Desconto Comercial

Diferente do que aconteceu com os descontos racionais, para o desconto comercial o ponto de referência principal é o valor nominal do título e esse pode ser visto como um valor futuro da operação e disso surge a denominação "desconto por fora"[5].

É forte a suspeita de que o desconto comercial seja maior do que o desconto racional, pois já temos a noção de que o desconto racional não é vantajoso para quem empresta o dinheiro e emprestar dinheiro sem vantagem não faz sentido.

4.2.1 Desconto Comercial Simples

Tendo em mente proporcionalidades que existem no regime de juros simples, podemos definir o desconto comercial simples como apresentado a seguir.

Definição 4.1 (Desconto Comercial Simples)**.** O desconto comercial simples é proporcional ao valor nominal, à taxa de juros nominal e à quantidade de capitalizações que são antecipadas no processo. Sendo o desconto comercial simples (DC_s) dado por:

$$DC_s = N \cdot i \cdot n.$$

Como os descontos são, de modo geral, a diferença entre os

[5]"Por fora" por tomar como referência um dos extremos da linha temporal, que é o final da linha onde se encontra o valor nominal.

valores nominal e o atual do título, temos

$$DC_s = N - A \Rightarrow N \cdot i \cdot n = N - A \Rightarrow \boxed{A = N(1 - i \cdot n)}$$

Assim, o valor descontado para o desconto comercial simples (VC) é dado por $VC = N(1 - i \cdot n)$.

Ainda há problemas em que não é dado explicitamente o valor nominal do título e, para esses casos, podemos utilizar a variação

$$N = \frac{A}{1 - i \cdot n}$$

nos dando outra possibilidade de fórmula para o DC_s.

$$\begin{aligned} DC_s = N - A \quad &\Rightarrow \quad DC_s = \frac{A}{1 - i \cdot n} - A \\ &\Rightarrow \quad DC_s = \frac{A - A \cdot (1 - i \cdot n)}{1 - i \cdot n} \\ &\Rightarrow \quad \boxed{DC_s = \frac{A \cdot i \cdot n}{1 - i \cdot n}} \end{aligned}$$

Tendo em mente que $A < N$, nos resta que

$$DR_s = A \cdot i \cdot n < N \cdot i \cdot n = DC_s \Rightarrow DR_s < DC_s$$

assim temos que

$$VC = N - DC_s < N - DR_s = VR.$$

Nisso, encontramos que, no regime de juros simples, o valor do desconto comercial é maior do que o valor do desconto racional.

Pelo que foi discutido até aqui, sabemos que se o valor racional (valor descontado utilizando o desconto racional) for aplicado durante o mesmo período de antecipação terá como montante um valor igual ao valor nominal do título. Ou seja, pondo o valor racional como sendo VR, temos

$$N = VR(1 + i \cdot n),$$

consequentemente

$$VC(1 + i \cdot n) < VR(1 + i \cdot n) = N$$

nos dando que $N > VC(1 + i \cdot n)$.

Com essas informações, podemos aferir que caso o valor comercial seja aplicado no mesmo regime de juros, a uma mesma taxa de desconto e por um mesmo período da antecipação, não teremos um montante igual ao valor nominal do título.

Surge o questionamento: qual deve ser a taxa (conhecida como taxa efetiva do desconto comercial) de juros para que o montante, gerado por uma aplicação do VC durante os mesmos n períodos de capitalizações da antecipação do título, seja igual ao valor nominal?

Pondo i_f como a taxa efetiva desejada, podemos encontrá-la fazendo $N = VC(1 + i_f \cdot n)$. Ou seja, estamos capitalizando o valor comercial durante um período igual ao período de antecipação referente à aplicação do desconto comercial e a uma taxa (que queremos determinar) dita efetiva de modo que o montante seja exatamente o valor nominal do título.

Assim[6], temos

$$
\begin{aligned}
N = VC(1 + i_f \cdot n) \quad &\Leftrightarrow \quad 1 + i_f \cdot n = \frac{N}{VC} \\
&\Leftrightarrow \quad i_f = \frac{1}{n}\left(\frac{N}{VC} - 1\right) \\
&\Leftrightarrow \quad i_f = \frac{1}{n}\left(\frac{N - VC}{VC}\right) \\
&\Leftrightarrow \quad i_f = \frac{1}{n}\left(\frac{DC_s}{VC}\right) \\
&\Leftrightarrow \quad \boxed{i_f = \frac{i}{1 - i \cdot n}}
\end{aligned}
$$

em que i é a taxa de desconto utilizada pelo banco.

Exemplo 4.6. O gerente de uma empresa precisa antecipar para o próximo mês alguns recebimentos previstos para daqui a quatro meses no valor de R$ 200.000,00 por causa de alguns imprevistos financeiros com a empresa. Ele leva esses títulos a um banco que cobra uma taxa de desconto comercial simples de 2,5% ao mês. Pede-se determinar

(a) o valor do desconto e o valor que o gerente da empresa irá receber por essa operação.

(b) a taxa mensal efetiva dessa operação.

Solução. $\boxed{\text{Dados:} \quad N = 200000,\ i = 2,5\% \text{ am},\ n = 3}$

(a) Vale observar que mesmo que o vencimento dos títulos seja para daqui a quatro meses, a antecipação é apenas para o

[6]vale observar que $DC = \frac{VC \cdot i \cdot n}{1 - i \cdot n}$.

mês seguinte, faltando, assim, apenas três meses para o vencimento dos títulos. Logo, realmente, $n = 3$. Assim,

$$\begin{aligned} VC = N(1 - i \cdot n) \;&\Rightarrow\; VC = 200000(1 - 0,025 \cdot 3) \\ &\Rightarrow\; \boxed{VC = 185000.} \end{aligned}$$

Além disso, $DC_s = N - VC$. Assim,

$$\boxed{DC_s = 15000.}$$

(b) Sabemos que a taxa efetiva para o desconto comercial simples é dada por

$$i_f = \frac{i}{1 - i \cdot n}.$$

De modo que

$$i_f = \frac{0,025}{1 - 0,025 \cdot 3} \approx 2,7\%.$$

Assim, a taxa mensal efetiva de juros será de aproximadamente $2,7\%$ am.

◇

Entre os descontos racional e comercial (considerando os regimes de juros simples e compostos), de modo geral, os bancos na hora do desconto consideram o desconto comercial simples (é um lucro maior para eles) e no caso de uma aplicação financeira no sentido de capitalizar (uma poupança, por exemplo) é utilizando o regime de juros compostos (juros também são capitalizados).

Entretanto, a taxa efetiva do desconto comercial simples pode gerar algumas discrepâncias, uma vez que, quanto maior for o período de antecipação da taxa de desconto, maior será a taxa efetiva.

Por exemplo, considerando que um título para daqui a dez anos seja descontado a uma taxa de desconto de 1% am, teremos uma taxa efetiva negativa de 5% am e tal situação não faz sentido.

Para fugir desses absurdos, podemos fazer com que $i_f > 0$ e para isso (assumindo que $i > 0$ e $n > 0$) podemos forçar que $0 < i \cdot n < 1$. Ou seja, podemos limitar a taxa de desconto

$$0 < i < \frac{1}{n}.$$

Por exemplo, para o caso em que o período de antecipação seja 120 meses (dez anos) a taxa de desconto deveria ser menor do que $1/120 \approx 0,83\%$ am não podendo, realmente, ser igual a 1% am como no caso em que a taxa efetiva precisaria ser negativa de 5% am.

Por isso, em alguns casos, o banco deve considerar uma taxa variável que depende da taxa de capitalização prefixada e da quantidade de períodos que serão antecipados n, sendo que um período de antecipação maior resultará em uma taxa de desconto menor.

Uma possibilidade de resolver esse problema é tratá-lo “de trás para frente”. Ou seja, no lugar de começar com a taxa de desconto comercial e encontrar a taxa efetiva, podemos fixar uma taxa efetiva e encontrar, em seguida, a taxa de desconto coerente para cada uma das quantidades de períodos de antecipação.

Exemplo 4.7. Considerando que um banco deseja limitar a taxa efetiva para o desconto comercial simples a 2,5% ao mês e que um certo título será descontado quatro meses antes do seu vencimento, determine qual deve ser a taxa de desconto comercial dessa operação.

Solução.

Dados:	$i_f = 2,5\%$ am, $n = 4$, $i =?$

Sabemos que a taxa efetiva para essa operação é dada pela fórmula

$$i_f = \frac{i}{1 - i \cdot n}.$$

Podemos observar que $1 - i \cdot n = 0$, nos daria $i \cdot n = 1$, consequentemente, isso seria equivalente a

$$DC_s = N \cdot \underbrace{i \cdot n}_{=1} = N \Leftrightarrow DC_s = N$$

isso, por sua vez, é equivalente a dizer que não houve desconto na operação. Sendo assim, uma operação sem sentido. Por isso, podemos considerar que $i \cdot n \neq 1$.

De modo que,

$$\begin{aligned} i_f = \frac{i}{1 - i \cdot n} \quad &\Rightarrow \quad i_f(1 - i \cdot n) - i = 0 \\ &\Rightarrow \quad i_f - i_f \cdot i \cdot n - i = 0 \\ &\Rightarrow \quad i_f = i_f \cdot i \cdot n + i \\ &\Rightarrow \quad i_f = i(i_f \cdot i \cdot n + 1) \\ &\Rightarrow \quad i = \frac{i_f}{1 + i_f \cdot n} \end{aligned}$$

Como no problema é dado que $i_f = 2,5\%$ am e $n = 4$, encontramos

$$i = \frac{0,025}{1 + 0,025 \cdot 4} \approx 2,27\%.$$

Nos dando que a taxa de desconto comercial para essa operação deve ser de $2,27\%$ am aproximadamente.

◇

Para finalizar essa análise da relação entre taxa de desconto racional e a taxa de juros efetiva da operação, vale explicitar que a dita taxa efetiva é nada mais do que a taxa de desconto racional uma vez que, no desconto racional, os descontos coincidem com os juros em uma operação de capitalização simples.

4.2.2 Desconto Comercial Composto

O desconto comercial composto também pode ser chamado de desconto composto por fora, pois o ponto de referência é o vencimento do título e a taxa de desconto incide sobre o valor nominal, porém, diferente do que aconteceu com o desconto comercial simples, os descontos são calculados período a período sendo que o referência para o período seguinte é o valor comercial do título no período imediatamente anterior.

Com isso, pondo VC_n como sendo o valor comercial composto ao antecipar n períodos de capitalização, temos que

$$VC_n = VC_{n-1} - i \cdot VC_{n-1} = VC_{n-1}(1-i) \Rightarrow \frac{VC_n}{VC_{n-1}} = 1 - i.$$

Como i é uma taxa constante prefixado no contrato, temos que $1 - i$ é constante e, consequentemente, VC_n é uma progressão geométrica de razão $1 - i$ e cujo primeiro termo é $VC_0 = N$. Nos dando que, pela fórmula para o enésimo termo de uma progressão geométrica, o valor comercial de uma nota ao considerar o desconto comercial composto será igual

$$\boxed{VC_c = N(1-i)^n}$$

Além disso,

$$\begin{aligned} DC_c = N - VC_c \quad &\Rightarrow \quad DC_c = N - N(1-i)^n \\ &\Rightarrow \quad \boxed{DC_c = N[(1-i)^n - 1]} \end{aligned}$$

Para que o valor descontado, quando aplicado por n períodos de capitalização, gere um montante igual ao valor nominal temos a taxa efetiva (i_f) dessa operação[7], de modo que

$$\begin{aligned} \begin{cases} VC_c = N(1-i)^n \\ N = VC_c(1+i_f)^n \end{cases} \quad &\Rightarrow \quad VC_c = [VC_c(1+i_f)^n](1-i)^n \\ &\Rightarrow \quad (1+i_f)^n(1-i)^n = 1 \\ &\Rightarrow \quad (1+i_f)(1-i) = 1 \\ &\Rightarrow \quad i_f = \frac{1}{1-i} - 1 \\ &\Rightarrow \quad \boxed{i_f = \frac{i}{1-i}} \end{aligned}$$

[7]Ou como podemos perceber, essa taxa coincide com a taxa do desconto racional composto.

Podemos notar que a taxa efetiva (ou taxa de desconto racional) não depende da quantidade de períodos que foram antecipados na operação.

Exemplo 4.8. Um título de valor nominal igual a R$ 4.000,00 é negociado mediante uma operação de desconto comercial composto três meses antes de seu vencimento. A taxa de desconto adotada é de 5% ao mês. Determine o valor descontado, o desconto e a taxa de juros efetiva dessa operação.

Solução.

$\boxed{\text{Dados: } N = 4000,\ n = 3,\ i = 5\% \text{ am},\ VC_c = ?,\ DC = ?,\ i_f = ?}$

Para o valor comercial composto solicitado, temos

$$VC_c = N(1-i)^n \Rightarrow VC_c = 4000(1-0,05)^3 \Rightarrow \boxed{VC_c = 3258,025}.$$

Assim, o valor descontado dessa operação é de, aproximadamente, R$ 3.258,03. Com isso, o valor do desconto comercial composto será de, aproximadamente, R$ 741,97.

Para a taxa efetiva dessa operação, temos

$$i_f = \frac{i}{1-i} \Rightarrow i_f = \frac{0,05}{1-0,05} \approx 0,0526.$$

De modo que, a taxa efetiva da operação será de, aproximadamente, 5,26% am. ◇

Para finalizar o capítulo, apresentamos algumas sugestões de exercícios para melhor fixar o conteúdo estudado.

Exercícios

Exercício 4.11. Certo título de valor nominal R$ 4.500,00 foi descontado antes do seu vencimento por R$ 2.800,00 à taxa de desconto comercial simples de 5% am. Responda:

(a) Qual foi o prazo de antecipação?

(b) Qual foi a taxa efetiva da operação?

Exercício 4.12. A taxa de um desconto comercial simples é de 5% am. Sabendo que o título foi descontado um ano antes de seu vencimento. Qual foi a taxa efetiva desse desconto anual?

Exercício 4.13. Certo título de valor nominal R$ 30.000,00 foi descontado antes do seu vencimento por R$ 25.500,00 à taxa de desconto comercial simples de 2% am. Responda:

(a) Qual foi o prazo de antecipação?

(b) Qual foi a taxa efetiva da operação?

Exercício 4.14. Certo título de valor nominal R$ 3.600,00 foi descontado antes do seu vencimento por R$ 2.200,00 à taxa de desconto comercial simples de 5% am. Qual foi o prazo de antecipação?

Exercício 4.15. Certa nota promissória, cujo valor é igual a R$ 9.000,00, foi descontada um ano antes de seu vencimento. Sabendo que a taxa de desconto comercial simples é 3% ao mês, encontre o valor do desconto, o valor atual e a taxa efetiva da operação.

Exercício 4.16. A taxa efetiva utilizada em um desconto comercial composto de um título é 3% am. Qual é o desconto comercial anual aproximadamente?

Exercício 4.17. Sendo 8% ao mês a taxa de desconto comercial e o prazo de desconto de 8 meses, encontre a taxa efetiva total da operação.

Exercício 4.18. O valor atual comercial recebido de um título foi de R$ 5.950,48. Considerando-se a taxa de desconto de 6% am e o prazo de antecipação de 150 dias, encontre o desconto.

Exercício 4.19. Encontre o valor de desconto comercial composto e a taxa anual efetiva, de uma duplicata de R$ 15.000,00 com um prazo de 75 dias e uma taxa de desconto de 28% aa.

Exercício 4.20. Uma empresa deve R$ 80.000,00 a um banco cujo vencimento se dará daqui a dez meses. No entanto, quatro meses antes do vencimento da dívida, resolve quitar antecipadamente o empréstimo e solicita ao banco um desconto.

O banco informa que opera de acordo com o conceito de desconto composto comercial, sendo sua taxa de desconto para esse tipo de operação de $3,5\%$ am. Calcule o valor líquido que a empresa deve pagar ao banco quando for liquidar sua dívida.

Exercício 4.21. Sabendo que a taxa efetiva do desconto comercial simples é igual a $2,5\%$ am e que o prazo de antecipação foi de um ano, determine qual é a taxa de desconto comercial simples adotada nessa operação.

Exercício 4.22. Sabendo que a taxa efetiva do desconto comercial composto é igual a $2,5\%$ am e que o prazo de antecipação foi de um ano, determine qual é a taxa de desconto comercial composta adotada nessa operação.

Exercício 4.23. Considerando que i_t é a taxa efetiva total em uma operação de desconto comercial composto em que foram adiantados n períodos de capitalização e que i é a taxa de desconto racional composto para cada período de capitalização, mostre que vale a relação

$$\frac{1}{1-i_t} = (1+i)^n.$$

Exercício 4.24. Sabendo que a taxa efetiva total de uma operação de desconto comercial composto em que foi antecipado o pagamento para um ano antes do seu vencimento foi de 50%, determine a taxa de desconto comercial composto mensal.

Exercício 4.25. Fixando um valor nominal de um título, a taxa e um período de antecipação maior do que um período de capitalização, mostre que, entre os quatro tipos de descontos estudados, o que gera o maior desconto é o desconto comercial simples.

Exercício 4.26. Considerando o desconto comercial simples e uma taxa nominal de desconto igual a 5% am, determine qual é o prazo máximo permitido nessa operação.

Exercício 4.27. Considerando o desconto comercial simples e um prazo de desconto de quatro anos, determine qual valor a taxa nominal não pode exceder nessa operação.

CAPÍTULO

5

RENDAS

Um especialista é o homem que cometeu todos os erros que podem ser cometidos em um campo muito restrito.

Niels Bohr

Neste capítulo, iremos tratar sobre a possibilidade de construir um capital em uma data futura por meio de capitalizações de pagamentos (ou recebimentos a depender do ponto de vista adotado). Para essa tarefa precisaremos dos conceitos sobre juros compostos e sobre capitais (e conjuntos de capitais) equivalentes vistos nos capítulos anteriores.

Por exemplo, sabemos que ao aplicar a quantia de R$ 100,00 durante o prazo de doze meses em um investimento que rende juros compostos de 1,024% ao mês, teremos um montante de aproximadamente R$ 113,00.

Pois,

$$100 \cdot 1,01024^{12} \approx 113.$$

Por outro lado, quanto teremos se aplicarmos mensalmente, ao final de cada mês, nesse mesmo investimento, uma quantia de R$ 100,00 ao final de um ano?

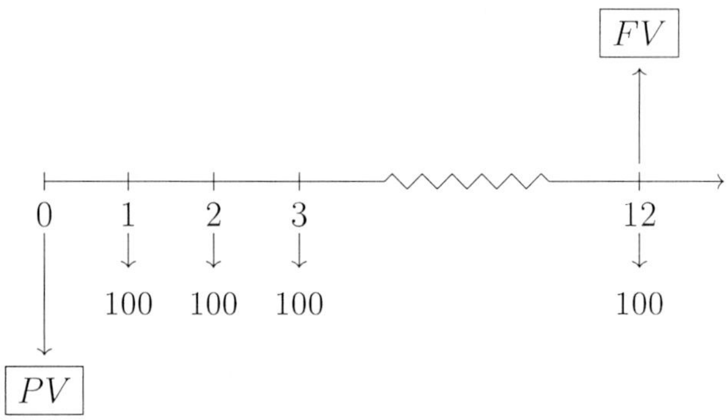

Naturalmente, percebe-se que, para esse caso, devemos somar doze montantes[1] e isso não é muito prático. Em resumo, temos

$$FV = \sum_{k=1}^{12} 100 \cdot 1,01024^{12-k}.$$

Outra possibilidade, seria determinar quanto eu deveria aplicar hoje para que, ao final de um ano, o meu montante ser igual ao

[1] cada um referente a uma aplicação mensal.

montante das doze aplicações mensais

$$FV = PV \cdot 1,01024^{12}$$

ou ainda, considerando o valor de cada depósito na data focal 0 e somando-os, temos

$$PV = \sum_{k=1}^{12} \frac{100}{1,01024^k}.$$

Tais situações serão os problemas norteadores desse capítulo.

Esperamos que, ao final do capítulo, sejamos capazes de responder adequadamente a tais questionamentos.

A partir desse ponto, iremos nos restringir a tratar apenas da capitalização composta, pois, nesse tipo de operação, é a mais comum de acontecer. Assim, vale relembrar os conceitos estudados no capítulo sobre os regimes de capitalizações, nos quais foram tratados apenas de um único depósitos ou um único investimentos, em que se tinha

$$FV_n = FV_{n-k}(1+i)^k, \tag{5.1}$$

sendo i a taxa de juros adotada para cada período de capitalização e k a quantidade de períodos da operação.

No caso de precisar determinar qual deveria ser o capital aplicado por k períodos a uma taxa de juros i, podemos utilizar uma variação da Equação (5.1). Vejamos

$$FV_{n-k} = \frac{FV_n}{(1+i)^k}. \tag{5.2}$$

5.1 Definição e tipos de rendas

Com essa introdução em mente, começaremos a tratar sobre as rendas.

Definição 5.1 (Rendas). Chamamos de rendas, de série de pagamentos ou recebimentos, série de prestações ou anuidades a toda sequência finita ou infinita de pagamentos ou recebimentos em datas previamente estipuladas.

(i) Cada um destes pagamentos ou recebimentos, referidos a uma mesma taxa de juros compostos, será chamado de termo da série de pagamentos.

(ii) O intervalo de tempo entre dois termos chama-se período e a soma dos períodos define a duração da série de pagamentos.

Ainda podemos separar as rendas em classes a depender de algumas características específicas. De modo que as rendas ou séries de pagamentos podem ser classificadas:

1. quanto ao número de termos: finita ou infinita.

   Por exemplo, comprar um celular em doze prestações de valor fixo igual a R$ 175,00 é uma série de pagamentos finita. Por outro lado, o aluguel de uma casa por um tempo não determinado é considerado uma série de pagamentos infinita.

   Vale salientar que a Matemática Financeira trata de situações que envolvem o mundo “real” e nele todos os recursos, como o tempo disponível para uma operação, de certa forma são limitados. De modo que o conceito de infinito é tomado de um modo diferente do usual na matemática. Aqui, infinito significa uma quantidade possivelmente muito grande, ou seja, uma quantidade infinita seria aquela que não temos uma previsão de como limitar seu valor. Teoricamente, iremos considerar que uma quantidade é infinita quando a mesma puder ser tão grande quanto necessário for.

2. quanto à natureza de seus termos: uniforme ou variável.

   Por exemplo, comprar um celular em doze prestações de valor fixo igual a R$ 175,00 é uma renda uniforme (suas parcelas não mudam). Por outro lado, ao realizar uma operação em que depositamos mensalmente um valor não nulo proporcional ao número do mês em que estamos é uma renda variável, pois suas prestações não são constantes.

3. quanto ao intervalo entre seus termos: periódica ou não periódica.

   Por exemplo, comprar um celular em doze prestações de valor fixo igual a R$ 175,00 é uma renda periódica, pois suas prestações estão igualmente espaçadas (espaços de um mês entre duas prestações consecutivas). Por outro lado, se eu depositar em uma poupança a quantia de R$ 100,00 a cada mês em que o número de referência for um número primo (fevereiro, março, maio, julho e novembro), teremos uma renda não periódica. Pois, entre fevereiro e março o intervalo foi de um mês e entre março e maio o intervalo foi de dois meses.

4. quanto à forma de pagamento ou recebimento: imediata ou diferida.

   Por exemplo, de modo geral, compras no cartão de crédito são rendas imediatas, pois o pagamento das prestações começam no primeiro período da operação. Porém, há casos em que a loja oferece uma condição especial ao comprador, possibilitando que o pagamento das prestações não comecem já no primeiro período, ou seja, a compra terá um prazo de carência em que não haverá pagamentos e, nesses casos em que há tal carência, dizemos que a renda é diferida.

   Em qualquer um desses casos, ainda podemos considerá-las como **antecipada**, quando os pagamentos ocorrerem no início do período, ou **postecipada (vencidas)**, quando os pagamentos ocorrerem no final do período.

5.2 Valor Presente de uma Renda

De modo geral, podemos observar que a maioria das operações que envolvem séries de pagamentos são rendas do tipo finita, uniforme, periódica, imediata e postecipada e esse será o nosso tipo padrão (nos casos em que não for dito o contrário explicitamente).

De modo que, quando citarmos uma **renda padrão** estaremos nos referindo a uma renda do tipo finita, uniforme, periódica, imediata e postecipada.

Tirando os casos em que as prestações forem variáveis ou o

intervalo seja não periódico[2], temos que as fórmulas para os valores presente e futuro de uma renda podem ser deduzidos sem muito esforço das fórmulas que deduziremos para o nosso tipo padrão (finita, uniforme, periódica, imediata e postecipada).

Teorema 5.1 (Valor Presente de uma Renda Padrão). Seja PV um capital a ser pago em n prestações iguais a PMT, imediatas, postecipadas e periódicas. Seja também uma taxa de juros i, referida ao mesmo período das prestações, conforme representação a seguir

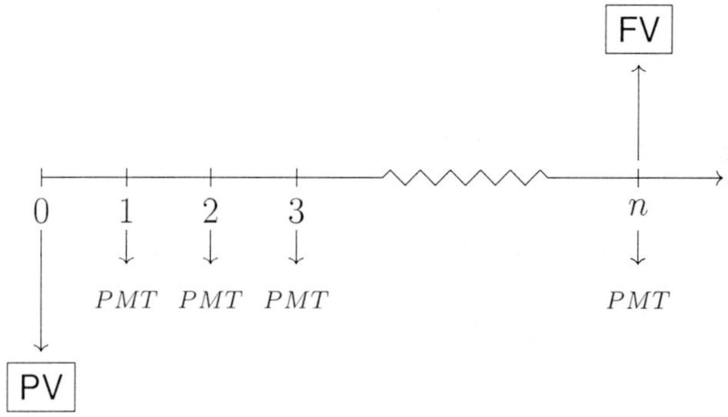

nessas condições, teremos

$$PV = PMT \cdot a_{n\rceil i},$$

em que

$$a_{n\rceil i} = \frac{1-(1+i)^{-n}}{i}$$

é chamado de fator de valor presente de uma renda padrão.

[2]esses casos diferem das outras exatamente pela falta de padrão nas suas parcelas e nos seus períodos.

Demonstração. Nosso objetivo é mostrar que

$$PV = PMT \cdot \frac{1-(1+i)^{-n}}{i}.$$

Para isso, devemos ter em mente que ao considerarmos a soma de todas as prestações dessa operação na data focal 0, tal soma deve ser igual ao valor presente da renda.

Chamaremos de PMT_k o valor da $k-$ésima prestação quando considerada na data zero. Pela Equação (5.2), temos

$$PMT_k = \frac{PMT}{(1+i)^k}.$$

Podemos observar que PMT_k forma uma PG de razão $(1+i)^{-1}$ e cujo primeiro termo é $PMT_1 = \dfrac{PMT}{1+i}$.

De modo que, teremos

$$\begin{aligned} PV = \sum_{k=1}^{n} PMT_k \quad &\Rightarrow \quad PV = \sum_{k=1}^{n} \frac{PMT}{(1+i)^k} \\ &\Rightarrow \quad PV = \frac{PMT}{1+i} \cdot \frac{1-[(1+i)^{-1}]^n}{1-(1+i)^{-1}} \\ &\Rightarrow \quad PV = PMT \cdot \frac{1-[(1+i)^{-1}]^n}{(1+i)-1} \\ &\Rightarrow \quad \boxed{PV = PMT \cdot \frac{1-(1+i)^{-n}}{i}} \end{aligned}$$

Chegando exatamente na expressão desejada.

□

Observação: para $a_{n\rceil i}$, lemos "a n cantoneira i". Além disso, ele nos aponta quantas parcelas efetivamente precisaremos aplicar hoje para ter o mesmo montante gerando pelas n parcelas aplicadas periodicamente a uma taxa de rendimento/juros de i a cada período das parcelas. Ou ainda, com uma leitura mais atenta, pode-se observar que $a_{n\rceil i}$ representa quantas parcelas são efetivamente necessárias para poder retirar n parcelas sucessivas, uma parcela a cada período de capitalização.

O Teorema 5.1 apresentado nos ajudará a trabalhar com o valor presente de uma renda padrão. Em outras palavras, esse teorema nos ajuda a determinar qual é o valor real, hoje, de um conjunto de parcelas que rendem por um tempo fixado previamente a uma mesma taxa de rendimento.

Com esse teorema, fica determinado quanto devo aplicar na data zero de uma série de pagamentos para que o valor final (montante) seja o mesmo gerado ao depositar as prestações da série de pagamentos periodicamente.

Exemplo 5.1. Uma loja vende um eletrodoméstico em seis prestações iguais a R$ 85,00, sendo a primeira prestação paga 30 dias após a compra da mercadoria.

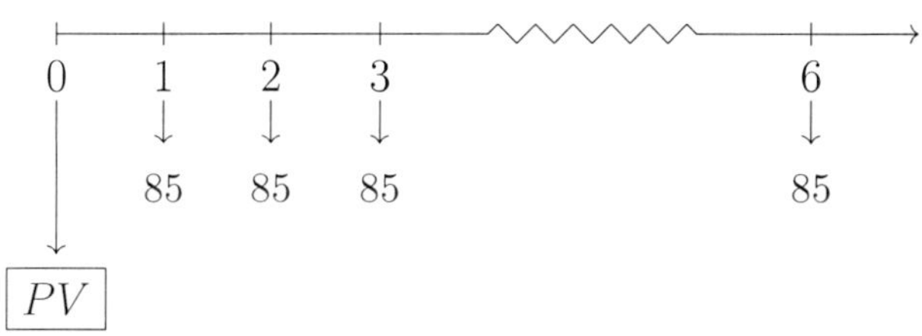

Sabendo que a taxa de juros de crédito pessoal da loja é de

$2,5\%$ am, determine qual deve ser o valor pago à vista pelo eletrodoméstico.

Solução. Dados: $n = 6$, $PMT = 85$, $i = 2,5\%$ am, $PV = ?$

Percebemos que estamos tratando de uma série de pagamentos do tipo padrão. De posse dos dados apresentados no enunciado, podemos determinar que

$$a_{6\rceil 2,5\%} = \frac{1 - 1,025^{-6}}{0,025} \approx 5,51$$

de modo que

$$PV = PMT \cdot a_{n\rceil i} \Rightarrow PV \approx 85 \cdot 5,51 = 468,35.$$

Assim, o valor à vista do eletrodoméstico, nessa situação, deveria ser R$ 468,35 aproximadamente.

$\diamond$

Uma maneira de trabalhar com os conceitos de uma série de pagamentos do tipo padrão é fazer o processo contrário. Ao invés de querer saber quanto pagar à vista por um bem, podemos gerar uma renda, digamos mensal, abrindo mão de uma certa quantia de dinheiro ao aplicá-la a algum rendimento de confiança (ou não, mas sempre devemos considerar os riscos presentes na operação). A partir dessas ideias e resultados, podemos determinar, por exemplo, quanto devemos aplicar hoje em uma poupança que rende juros compostos de tal maneira que possamos realizar uma certa quantidade de saques mensais.

Vejamos como isso é possível no exemplo a seguir.

Exemplo 5.2. Quanto devo aplicar hoje na poupança, que rende $0,5\%$[a] ao mês, para poder sacar mensalmente, a partir do final do primeiro mês, uma quantia de R$ 1.400,00 durante o período de um ano?

[a] livre de impostos

Solução. Dados: $PMT = 1400$, $n = 12$, $i = 0,5\%$ am, $PV = ?$

Ora, considerando que devemos ter saldo suficiente para efetuar esses doze saques mensais, podemos assumir que o valor aplicado deve ser no mínimo equivalente aos doze saques mensais. Tomando, como de costume, a data zero como data focal temos

$$a_{12\rceil 0,5\%} \approx 11,6189$$

e, com isso,

$$PV = a_{n\rceil i} \cdot PMT \Rightarrow PV = a_{12\rceil 0,5\%} \cdot 1400 \Rightarrow PV \approx 16266,46.$$

Ou seja, para conseguir efetuar doze saques mensais dessa poupança, devemos depositar, no mínimo, R$ 16.266,46.

◇

Podemos observar, no exemplo anterior, que esse valor de PV é um pouco menor do que $12 \cdot 1400 = 16800$ que seria a soma direta dos saques. Isso é intuitivamente razoável, uma vez que na Matemática Financeira não devemos somar valores em datas diferentes.

Além disso, se o valor de PV fosse igual ou maior do que a soma direta ($= n \cdot PMT$), a operação não faria sentido financeiramente falando.

Exemplo 5.3. Um apartamento fora adquirido por meio de um pagamento, no ato da compra, de uma entrada de valor igual a R$ 30.000,00 e mais 48 prestações mensais de R$ 2.777,00 sendo a primeira paga trinta dias após a compra. Sabendo que a melhor taxa do mercado imobiliário era de $1,24\%$ am, determine qual deveria ser o valor à vista desse imóvel.

Solução. Dados: $PMT = 2777$, $n = 48$, $i = 1,24\%$ am, $PV = ?$

Neste exemplo, devemos ter em mente que o valor à vista será igual a soma do valor pago como entrada no ato da compra com o valor equivalente às prestações. De modo que, sendo E o valor da entrada e PV_1 o valor das prestações na data zero, temos que o valor à vista do imóvel será

$$PV = E + PV_1.$$

Já nos foi dado que $E = 30000$, faltando determinar o valor de PV_1. Assim,

$$a_{48\rceil 1,24\%} \approx 36,0101$$

nos dando que

$$PV_1 = a_{48\rceil 1,24\%} \cdot PMT \Rightarrow PV_1 \approx 36,0101 \cdot 2777 \Rightarrow PV_1 \approx 100000.$$

Nos restando que:

$$PV = E + PV_1 = 130000.$$

Portanto, o valor à vista do apartamento é de R$ 130.000,00 aproximadamente.

◇

Exemplo 5.4. Paulo fez um financiamento em 24 parcelas mensais de R$ 1.000,00 à taxa de juros de 4% ao mês. Após pagar a quinta parcela, ele decidiu adiantar o pagamento das parcelas restantes. Quanto Paulo deve pagar pelas parcelas que foram adiantadas?

Solução.

Dados:	$n = 24,\ PMT = 1000,\ i = 4\%$ am

Para começar a resolver, devemos ter em mente que ele já pagou cinco parcelas. De modo que, nossa data focal deve ser o quinto mês. Assim, a quantidade k de parcelas restantes é $24 - 5 = 19$. Logo,

$$a_{19\rceil 4\%} = \frac{1 - (1 + 0,04)^{-19}}{0,04} \approx 13,1339$$

e, pondo PV_5 como sendo o valor restante a pagar das 19 parcelas, temos

$$PV_5 = a_{19\rceil 4\%} \cdot PMT \Rightarrow PV_5 \approx 13133,9.$$

Desse modo, Paulo deve pagar, aproximadamente, a quantia total de R$ 13.133,90 pelas 19 parcelas restantes.

◇

Exemplo 5.5. Leandro parcelou uma certa quantia referente a uma dívida em 36 parcelas mensais, iguais e postecipadas. Quando pagou doze parcelas, decidiu adiantar todas as parcelas restantes, ou seja, pagou as parcelas que restavam. Com isso, ele percebeu que o valor pago adiantado era igual a apenas dezesseis parcelas da dívida. Determine a taxa de juros aplicada aproximadamente.

Solução.

Dados:	$n = 24,\ a_{n\rceil i} = 16,\ i = ?$

A primeira coisa que devemos ter em mente é que o fato de, quando ele adiantou as 24 (36 do total menos as 12 já pagas) parcelas restantes, ele pagou efetivamente apenas 16 parcelas e isso é o mesmo que dizer que $a_{24\rceil i\%} = 16$.

Além disso, o fator de valor presente depende apenas da taxa de juros i e da quantidade n de parcelas da operação e isso mostra que temos dados suficientes para determinar o valor de i. Vejamos

$$a_{24\rceil i\%} = 16 \Rightarrow \frac{1-(1+i)^{-24}}{i} = 16.$$

Podemos, assim, atribuir valores (geralmente interpolando valores para diminuir o intervalo que contém a resposta) para determinar o valor de i (ou uma aproximação adequada) na equação dada.

Para $i = 2\%$, temos $a_{24\rceil 2\%} \approx 18,91$. Logo, $i > 2\%$ am.

Para $i = 4\%$, temos $a_{24\rceil 4\%} \approx 15,25$. Logo, $i < 4\%$ am.

Isso nos dá que $i \in (2\%,\ 4\%)$. Um bom chute seria testar o ponto médio desse intervalo, pois isso eliminaria metade dos valores possíveis restantes. Porém, para $i = 3\%$, temos $a_{24\rceil 3\%} \approx 16,94$. Logo, $i > 3\%$ am.

Refinando ainda mais nossas estimativas, podemos chegar ao resultado de que $i \approx 3,53\%$ am.

$\diamond$

O processo apresentado no Exemplo 5.5 pode se tornar um pouco enfadonho. Por isso, recomendamos o uso de tecnologias[3] para solucionar nosso problema, como, por exemplo, o site gratuito WolframAlpha[4] que ao adicionar a expressão vista na Figura 5.1

Figura 5.1: WolframAlpha: Equação

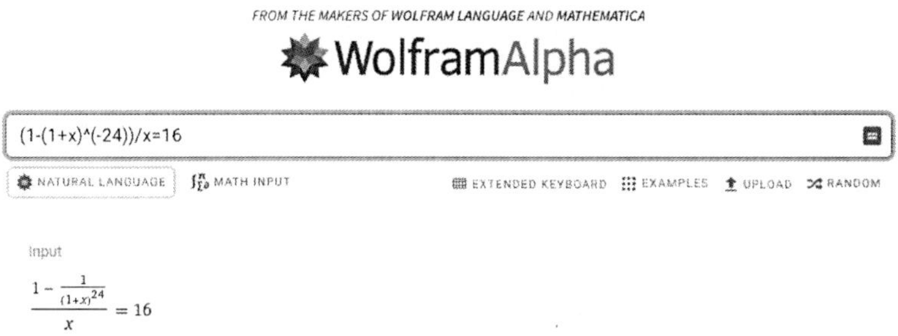

Fonte: <https://www.wolframalpha.com/>

obtemos como possível retorno para a equação apresentada a resposta contida na Figura 5.2.

[3]Não seria muito interessante tentar resolver a equação para determinar o valor de i, pois a mesma é uma equação de grau 24 com apenas duas raízes reais, o i e o uma de valor negativo.

[4]<https://www.wolframalpha.com/>

Figura 5.2: WolframAlpha: Solução Real

Real solutions

$x \approx -1.86683$

$x \approx 0.035347$

Fonte: <https://www.wolframalpha.com/>

Tornando possível identificar uma excelente aproximação para nossa taxa como sendo $i \approx 3,35347\%$ am.

Para finalizar esse tópico, veremos como podemos relacionar uma variação das séries de pagamentos do tipo uniforme e periódica.

Exemplo 5.6 (Renda com Carência)**.** Determine uma fórmula para o valor presente de uma renda finita, uniforme (n prestações iguais a PMT), periódica, postecipada em que há uma carência de k períodos de capitalização antes do primeiro pagamento e que o saldo devedor rende juros a cada período de capitalização mesmo no período de carência.

Solução. Tomando a prestação constante como PMT, a taxa de juros igual a i referida ao mesmo período das prestações e PV como sendo o valor presente da nossa série de pagamentos. Além disso, considere PV_k como sendo o valor da soma dessas prestações na data focal k.

Vejamos uma representação gráfica

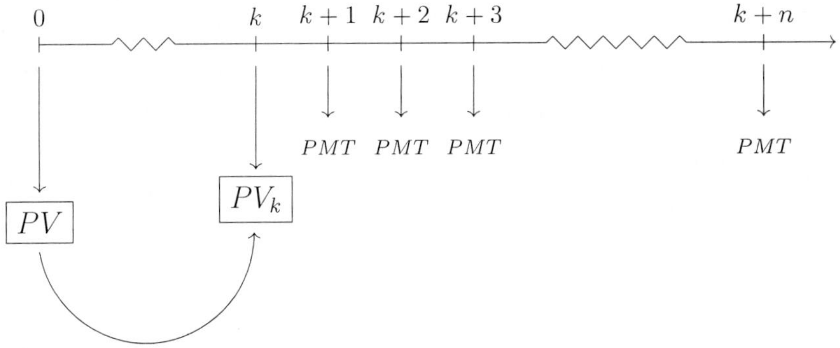

Tomando todos os valores na data focal k, temos que o valor atualizado do PV deve coincidir com o valor de PV_k. De modo que

$$
\begin{aligned}
PV_k = PV(1+i)^k \quad &\Rightarrow \quad PV = PV_k \cdot \frac{1}{(1+i)^k} \\
&\Rightarrow \quad PV = (PMT \cdot a_{n\rceil i}) \cdot \frac{1}{(1+i)^k} \\
&\Rightarrow \quad PV = PMT \cdot \frac{a_{n\rceil i}}{(1+i)^k} \\
&\Rightarrow \quad \boxed{PV = PMT \cdot \frac{1-(1+i)^{-n}}{i \cdot (1+i)^k}}
\end{aligned}
$$

$\diamond$

Exercícios

Exercício 5.1. Um televisor em cores custa R$ 3.500,00 à vista, mas pode ser financiado sem entrada em 18 prestações mensais iguais e sucessivas à taxa de juros de $2,5\%$ am. Determine o valor das prestações a serem pagas pelo comprador.

Exercício 5.2. Um empréstimo de R$ 20.000,00 deve ser liquidado mediante o pagamento de 24 prestações mensais, iguais e sucessivas. Determine o valor dessas prestações sabendo que a taxa de juros cobrada é de 24% aa, capitalizada mensalmente, e que a primeira prestação ocorre 30 dias após a liberação dos recursos.

Exercício 5.3. Uma loja vende um eletrodoméstico em doze prestações iguais a R$ 125,00, sendo a primeira prestação paga 30 dias após a compra da mercadoria.

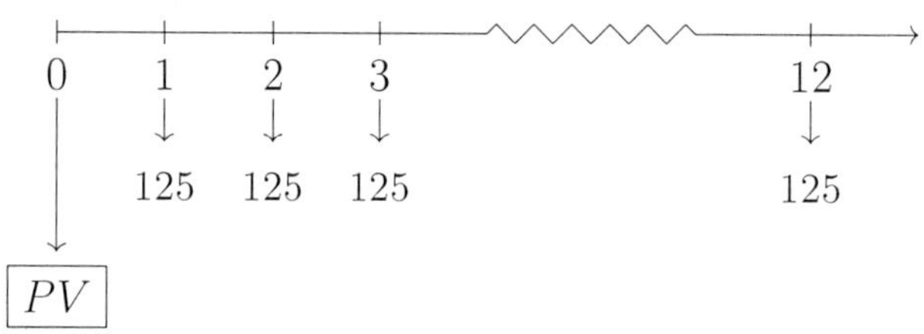

Sabendo que a taxa de juros de crédito pessoal da loja é de $4,72\%$ am, determine qual deve ser o valor pago à vista pelo eletrodoméstico.

Exercício 5.4. Quanto devo aplicar hoje na poupança, que rende $0,5\%$[a] ao mês, para poder sacar mensalmente, a partir do final do primeiro mês, uma quantia de R$ $100,00$ durante o período de dois anos?

[a]livre de impostos

Exercício 5.5. Quanto se deve aplicar hoje em um investimento para poder retirar R$ 100.000,00 no fim de cada mês, durante os próximos 20 meses, considerando uma taxa de juros nominal de 120% aa, capitalizada mensalmente?

Exercício 5.6. Um imóvel pode ser adquirido com o pagamento, no ato da compra, de uma entrada no valor de R$ 25.000,00 e mais 96 prestações mensais de R$ 2.023,37 sendo a primeira paga trinta dias após a compra. Sabendo que a melhor taxa do mercado imobiliário era de $0,99\%$ am, determine qual deveria ser o valor à vista desse imóvel.

Exercício 5.7. Um notebook que custa R$ 3.807,00 é vendido parcelado em doze prestações iguais a uma taxa de 2% am. Sabendo que cada prestação deve ser paga ao fim de cada mês, qual é o valor da parcela?

Exercício 5.8. A juros efetivos de 3% am, determine o tempo necessário para liquidar um financiamento de R$ 1.200,00 por meio de prestações mensais postecipadas de R$ 120,00.

Exercício 5.9. Em quantos meses uma pessoa consegue liquidar um empréstimo de R$ 200.000,00 pagando prestações mensais postecipadas de R$ 45.000,00 a juros efetivos de 10% am?

Exercício 5.10. Uma compra no valor de R$ 100.000,00 foi financiada em dez prestações mensais imediatas e antecipadas considerando juros efetivos de 10% am, encontre o valor das prestações.

Exercício 5.11. Para poder sacar R$ 850,00 por mês, uma pessoa aplicou R$ 15.000,00 a juros efetivos de 1% am. Quantos saques mensais poderão ser efetuados se os saques iniciam-se um mês depois da aplicação?

Exercício 5.12. Um financiamento de R$ 10.000,00 será pago em cinco prestações postecipadas. Considerando que as três últimas são de R$ 3.800,00 cada e que a taxa de juros efetiva aplicada é de 5% am, encontre o valor de cada uma das duas primeiras prestações.

Exercício 5.13. Em quantos meses uma pessoa acumula um capital de R$ 20.000,00 depositando R$ 700,00 todo final de mês em uma aplicação financeira que rende juros efetivos de 2% am?

Exercício 5.14. Um carro é vendido por R$ 10.000,00 à vista ou com entrada de 10% de seu valor mais um determinado número de prestações mensais de R$ 500,00. Devem-se pagar, além das prestações mensais, três parcelas semestrais de R$ 632,82. A juros efetivos de 2% am, determine o número de prestações mensais necessárias.

Exercício 5.15. Que taxa anual de juros efetivos faz com que 36 prestações mensais de R$ 100,00 seja equivalente a 12 prestações trimestrais de R$ 309,09 cada (ambas postecipadas)?

Exercício 5.16. Leandro parcelou uma certa quantia referente a uma dívida em vinte e oito vezes. Quando pagou sete parcelas, decidiu adiantar todas as parcelas restantes, ou seja, pagou as parcelas que restavam. Com isso, ele percebeu que o valor pago adiantado era igual a apenas dezesseis parcelas da dívida. Determine a taxa de juros aplicada aproximadamente.

Exercício 5.17. Mostre que

$$a_{n+1\rceil i} - a_{n\rceil i} = \frac{1}{(1+i)^{n+1}}.$$

Exercício 5.18. Use o Exercício 5.17 para mostrar que, fixando o $i > -100\%$, a função $f : \mathbb{N} \to \mathbb{R}$, dada por $f(n) = a_{n\rceil i}$, é crescente.

Exercício 5.19. Determine uma fórmula usando $a_{n\rceil i}$ para o valor presente de uma renda finita, imediata, antecipada, uniforme e periódica, considerando suas prestações iguais a PMT.

Exercício 5.20. Sabendo que irei depositar hoje R$ 10.000,00 em uma poupança que rende juros anuais e efetivos de $6,17\%$, com a intenção de sacar mensalmente parcelas de R$ 1.000,00 começando daqui a dez anos, determine quantas parcelas conseguirei sacar até que a poupança fique com um saldo menor do que uma parcela de R$ 1.000,00.

5.3 Valor Futuro de uma Renda

Para determinar o valor futuro de uma renda, podemos prosseguir de uma maneira análoga àquela que adotamos ao determinar o valor presente de uma renda, mudando apenas a data focal escolhida. Como o nome já sugere, queremos o valor futuro de todas as prestações, de modo que, a data focal mais conveniente nesse caso é a data da última prestação.

Assim, escolhendo uma renda do tipo padrão[5], temos graficamente a representação

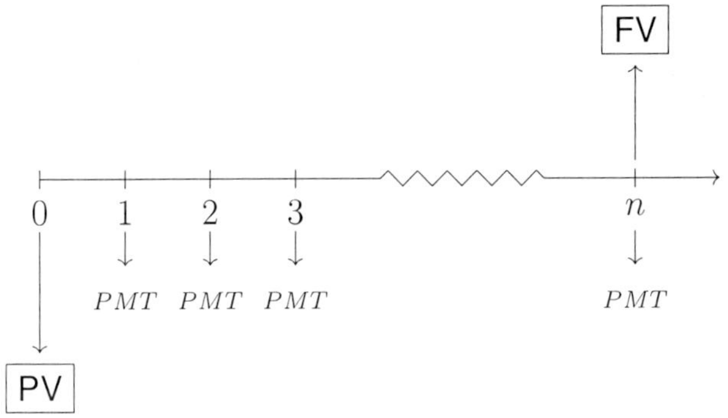

sendo PMT_k o valor futuro da $k-$ésima prestação na data focal n, temos que

$$PMT_k = PMT \cdot (1+i)^{n-k}.$$

Com isso, o valor futuro dessa série de pagamentos é dado pela soma dos PMT_k de $k = 1$ até n (que são termos de uma PG de

[5]Renda finita, imediata, uniforme, periódica e postecipada.

razão $q = 1 + i$). Logo,

$$
\begin{aligned}
FV = \sum_{k=1}^{n} PMT_k \quad \Rightarrow \quad & FV = \sum_{k=1}^{n} PMT \cdot (1+i)^{n-k} \\
\Rightarrow \quad & FV = \sum_{k=0}^{n-1} PMT \cdot (1+i)^{k} \\
\Rightarrow \quad & FV = PMT \cdot \frac{(1+i)^n - 1}{(1+i) - 1} \\
\Rightarrow \quad & \boxed{FV = PMT \cdot \frac{(1+i)^n - 1}{i}}
\end{aligned}
$$

Exemplo 5.7. Quanto irei acumular, ao final de dois anos, na minha conta poupança que rende juros de $0,5\%$ am ao depositar mensalmente durante dois anos a quantia de R$ 255,59.

Solução. Dados: $n = 24$, $i = 0,5\%$ am, $PMT = 255,59$, $FV = ?$

Pela fórmula do valor futuro de uma renda, temos que

$$FV = PMT \cdot \frac{(1+i)^n - 1}{i} = 255,59 \cdot \frac{1,005^{24} - 1}{0,005} \approx 6500.$$

Ou seja, após os dois anos, o valor acumulado na conta será de, aproximadamente, R$ 6.500,00.

◇

O fator

$$s_{n\rceil i} = \frac{(1+i)^n - 1}{i}$$

é chamado de fator de acumulação de uma renda do tipo padrão e lê-se: "s n cantoneira i". De modo que, podemos resumir a fórmula do valor futuro de uma renda do tipo padrão a

$$FV = PMT \cdot s_{n\rceil i}.$$

O fator de acumulação nos dá quantas parcelas teremos efetivamente acumuladas ao aplicar periodicamente n parcelas iguais a PMT em uma aplicação que rende $i\%$ a cada período da parcela.

Exemplo 5.8. Ao aplicar mensalmente uma quantia fixa em uma aplicação que rende juros efetivos mensais de 1%, quantas parcelas terei no fundo da aplicação ao final de um ano?

Solução.

Dados:	$n = 12$, $i = 1\%$ am, $s_{n\rceil i} =?$

Como estamos tentando identificar o acumulado, nos basta determinar o fator de acumulação $s_{n\rceil i}$. Assim,

$$s_{12\rceil 1\%} = \frac{1,01^{12} - 1}{0,01} \approx 12,68.$$

Ou seja, teremos as doze aplicações acrescidas de 68% do valor de uma aplicação que é referente aos juros que renderam nessa operação.

◇

Uma outra possibilidade de abordagem para o valor futuro de uma renda é considerar que

$$FV = PV(1+i)^n \text{ e } PV = PMT \cdot a_{n\rceil i}$$

com isso,

$$\begin{aligned} FV = PV(1+i)^n \quad &\Rightarrow \quad FV = (PMT \cdot a_{n\rceil i}) \cdot (1+i)^n \\ &\Rightarrow \quad FV = PMT \frac{1-(1+i)^{-n}}{i} \cdot (1+i)^n \\ &\Rightarrow \quad \boxed{FV = PMT \cdot \frac{(1+i)^n - 1}{i}} \end{aligned}$$

Ainda da relação $FV = PV(1+i)^n$, podemos observar que

$$FV = PV(1+i)^n \Rightarrow PMT \cdot s_{n\rceil i} = (PMT \cdot a_{n\rceil i}) \cdot (1+i)^n$$

ou considerar que $PMT \neq 0$, nos resta que

$$s_{n\rceil i} = a_{n\rceil i}(1+i)^n \text{ ou } \frac{s_{n\rceil i}}{a_{n\rceil i}} = (1+i)^n.$$

Exemplo 5.9. Uma pessoa deseja comprar um carro por R$ 50.000,00 à vista daqui a três anos. Admitindo-se que ela vá poupar uma certa quantia todos os meses e que esses valores serão aplicados mensalmente em um título de renda fixa que rende $1,79\%$ am de juros compostos, determine quanto essa pessoa deve poupar mensalmente.

Solução. $\boxed{\text{Dados: } FV = 50000,\ n = 36,\ i = 1,79\% \text{ am},\ PMT = ?}$

Temos que o valor que será comprado o carro pode ser considerado como o valor futuro de uma renda do tipo padrão, de modo que chegamos à relação

$$FV = PMT \cdot s_{n\rceil i} \Rightarrow 50000 = PMT \cdot s_{36\rceil 1,79\%}.$$

Desse modo, temos que

$$PMT = \frac{50000}{s_{36\rceil 1,79\%}} \Rightarrow PMT \approx 1001,10.$$

Portanto, para que essa pessoa consiga acumular os R$ 50.000,00 necessários para a compra do carro à vista, terá que poupar mensalmente R$ 1001,10 aproximadamente.

◇

Exercícios

Exercício 5.21 (Problema Motivador). Quanto iremos acumular ao aplicar ao final de cada mês a quantia de R$ 100,00 durante o prazo de doze meses em um investimento que rende juros compostos de 1,024% ao mês?

Exercício 5.22. Quanto uma pessoa irá acumular, ao final de dois anos, em sua conta poupança que rende juros de $0,5\%$ am ao depositar mensalmente durante três anos a quantia de valor igual a R$ 255,59.

Exercício 5.23. Determine o fator de acumulação de uma renda do tipo padrão quando o período for de 36 meses e a taxa igual a 2% am.

Exercício 5.24. Mostre que para uma renda do tipo padrão vale a relação

$$FV \cdot a_{n\rceil i} = PV \cdot s_{n\rceil i}.$$

Exercício 5.25. Sabendo que $s_{n\rceil i} = \frac{(1+i)^n - 1}{i}$, mostre que

$$s_{n\rceil i} + (1+i)^n = s_{n+1\rceil i}.$$

Exercício 5.26. Use o Exercício 5.25 para mostrar que, fixando o $i > -100\%$, a função $g : \mathbb{N} \to \mathbb{R}$, dada por $g(n) = s_{n\rceil i}$, é crescente.

Exercício 5.27. Mostre que,

$$\frac{1}{a_{n\rceil i}} - \frac{1}{s_{n\rceil i}} = i.$$

Exercício 5.28. Qual é o fator de acumulação de uma renda imediata de valor presente igual a R$ 2.000,00 e valor futuro igual a R$ 8.000,00, onde $a_{n\rceil i} = 2,5$? Agora, supondo que foram 4 prestações iguais, imediatas e postecipadas, encontre a taxa.

Exercício 5.29. Quanto irei acumular se depositar R$ 400,00 ao fim de cada mês a partir de hoje, durante 12 meses a uma taxa de juros efetiva de 2% am?

Exercício 5.30. Uma pessoa pretende depositar todo final de ano, durante 20 anos, R$ 10.000,00 em um fundo que rende juros efetivos de 15% aa. O montante acumulado deverá ser resgatado a partir do 21° ano por meio de três saques anuais iguais e consecutivos. Encontre o valor dos saques.

Exercício 5.31. Em quantos meses uma pessoa acumula um capital de R$ 20.000,00 depositando R$ 700,00 todo final de mês em uma aplicação financeira que rende juros efetivos de 2% am?

Exercício 5.32. Quántas aplicações mensais de R$ 1.000,00 serão necessárias para obter um montante no valor de R$ 33.426,47, sabendo que a taxa de juros é de 3% am, e que a primeira aplicação é feita no ato da assinatura do contrato e a última 30 dias antes do resgate daquele valor.

Exercício 5.33. Uma pessoa deposita trimestralmente R$ 200,00 em uma conta remunerada que paga juros efetivos de 6% at. Em quanto tempo acumulará um capital de R$ 3.000,00?

Exercício 5.34. Matheus achou a fórmula do fator de acumulação de capital de uma renda do tipo padrão muito interessante e ficou testando valores para ela ao variar a quantidade de parcelas e a taxa. Ao fazer isso, ele percebeu uma relação entre o fator de valor presente e o de acumulação.
Ao utilizar os valores

$$PV = 1500,\ FV = 7500 \text{ e } a_{n\rceil i} = 1,6,$$

qual foi o valor encontrado para o $s_{n\rceil i}$?

Exercício 5.35. João deseja muito comprar um carro que custa à vista R$ 130.000,00 financiado por um banco que cobra uma taxa de juros mensal de $0,99\%$ am e que ainda oferece um período de carência de seis meses, porém o valor continuará sendo atualizado mensalmente utilizando os juros compostos. Sabendo que João aceitou o período de carência e que terminará de pagar o carro após o período total (período de carência junto com o período das parcelas) de 90 meses, determine quanto João pagou no final dessa operação e de quanto foram as parcelas pagas por ele.

Exercício 5.36. Determine uma fórmula para o valor futuro de uma série de pagamentos finita, diferida (com k períodos de carência), postecipadas, uniforme e periódica.

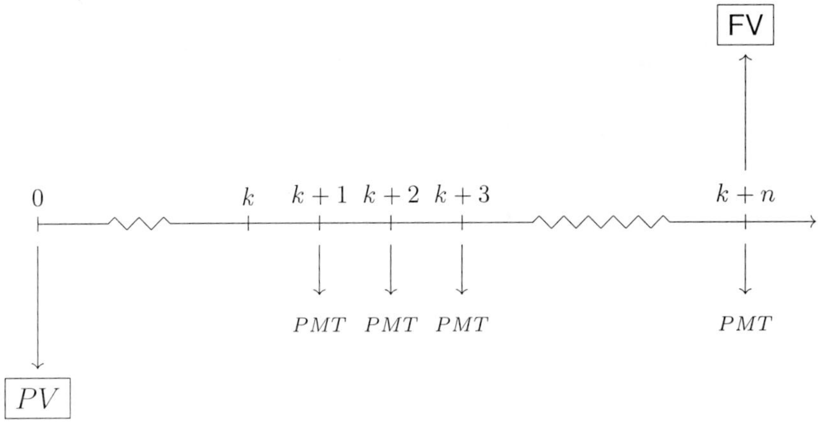

5.4 Renda Perpétua

Uma renda perpétua é uma renda infinita, em que a quantidade de parcelas não está previamente estabelecida e podem ser tantas quantas forem convenientes. De modo geral, consideramos que, em uma renda perpétua, a quantidade de parcelas tende ao infinito.

A título de teoria, iremos trabalhar apenas com as rendas perpétuas que são infinitas, imediatas, postecipadas, uniformes e periódicas e a essas chamaremos de rendas perpétuas do tipo padrão.

Com essas informações, podemos considerar que uma renda perpétua do tipo padrão é apenas uma renda do tipo padrão em que $n \to +\infty$. Desse modo, podemos determinar o valor presente de uma renda perpétua do tipo padrão.

Seja PV o valor presente de uma renda perpétua em que a taxa de juros adotada é igual a i (agora consideraremos uma taxa estritamente positiva) em que a unidade da taxa coincide com a unidade das prestações que são fixadas e iguais a PMT, temos

$$PV = \lim_{n \to +\infty} PMT \cdot \frac{1 - (1+i)^{-n}}{i} \quad \Rightarrow \quad \boxed{PV = \frac{PMT}{i}}$$

O limite se justifica, pois, como $i > 0$, temos que $x_n = (1+i)^{-n}$ é uma PG de razão

$$q = \frac{1}{1+i} < 1$$

Pelo Exemplo 1.18, nos resta que

$$\lim x_n = \lim(1+i)^{-n} = 0.$$

Como $\frac{PMT}{i}$ é constante, segue-se o resultado.

Exemplo 5.10. Se um apartamento está rendendo um aluguel de R$ 800,00 por mês e se a taxa de melhor aplicação no mercado financeiro é de 1% am, qual seria uma estimativa para o valor desse imóvel?

Solução.

Dados:	$PMT = 800,\ i = 1\%$ am, $PV = ?$

Como já discutido anteriormente, o aluguel é um tipo de renda perpétua e, nesse caso, é do tipo padrão. De modo que,

$$PV = \frac{PMT}{i} \Rightarrow PV = \frac{800}{0,01} = 80000.$$

Assim, uma estimativa para o valor (presente) do apartamento seria R$ 80.000,00.

◇

Para rendas perpétuas, não faz sentido falar de valor futuro. Pois, por menor que seja o valor das parcelas, por ser em quantidade infinita, teríamos que $FV \to +\infty$. Isso ainda pode ser observado mostrando que

$$\lim_{n\to+\infty} s_{n\rceil i} = +\infty,$$

quando $i > 0$.

Exercícios

Exercício 5.37. Felipe possui uma casa que está rendendo um aluguel de R$ 400,00 por mês. Sabendo que a melhor taxa de aplicação no mercado financeiro é de $0,4\%$ am, qual seria uma estimativa para o valor do imóvel?

Exercício 5.38. Uma instituição receberá uma doação mensal perpétua de R$ 10.000,00. Se aplicar o valor presente de perpetuidade em um fundo de renda fixa que rende juros efetivos de 1% am, qual será o rendimento dessa aplicação em dois anos?

Exercício 5.39. João tem uma casa, cujo valor de mercado está estimado em R$ 150.000,00. Ele está em dúvida se deve vender a casa e investir o dinheiro em uma aplicação que rende juros de 6% am, com capitalização mensal, ou se deve alugar a casa, com o aluguel sendo pago anualmente por um prazo indeterminado. Determine qual deve ser o menor valor do aluguel para que seja mais vantajoso para João alugar a casa do que investir o dinheiro na aplicação citada.

Exercício 5.40. Qual deve ser o valor presente de um bem que será alugado por uma prestação mensal de PMT, sabendo que a taxa de juros considerada é de $i\%$ am e que a primeira prestação deve ser paga no ato.

5.5 Uma Aplicação para as Rendas

Para finalizar o capítulo, iremos apresentar uma aplicação direta sobre rendas: um plano de previdência privado.

Considerando que em 2022, segundo o IBGE, o brasileiro vive em média até os 75,5 anos, sendo que os homens vivem, em média, 72 anos e as mulheres vivem, em média, 79 anos[6]. Além disso, segundo o INSS, o idade mínima para se aposentar é de 65 anos para os homens e 62 para as mulheres[7]. Mesmo com a idade mínima, ainda é necessário ter contribuído para essa previdência por, no mínimo, 30 e 35 anos para mulheres e homens respectivamente.

Vamos supor que João tem 30 anos e sempre trabalhou de carteira assinada recebendo um salário mínimo de R$ 1.412,00, de modo que irá receber uma aposentadoria, por suas contribuições, de um salário mínimo assim que completar os 65 anos. Porém, ele deseja receber um salário extra mensal no valor de R$ 1.412,00, pois acredita que um salário mínimo não será suficiente para se manter na velhice.

Para tal projeto, ele pretende depositar mensalmente na sua conta poupança que rende juros de $0,5\%$ am uma quantia que seja suficiente para que ele possa sacar R$ 1.412,00 de seu aniversário de 65 anos, quando os depósitos cessarão, até completar 75 anos.

---

[6]ver https://agenciadenoticias.ibge.gov.br/agencia-sala-de-imprensa/2013-agencia-de-noticias/releases/38455-em-2022-expectativa-de-vida-era-de-75-5-anos.Acessando em 19 de nov. de 2024

[7]ver https://www.gov.br/inss/pt-br/noticias/quer-saber-quanto-tempo-falta-para-aposentar-e-as-regras-de-transicao. Acessando em 19 de nov. de 2024

A pergunta é: quanto João deve depositar mensalmente?

Primeiro, podemos começar pelo final. Ou seja, quanto João deve ter na conta quando completar 65 anos a ser suficiente para os saques mensais de R$ 1.412,00 durante 10 anos (diferença entre a idade em que começarão os saques e a idade em que terminarão os saques), nos dando 120 saques.

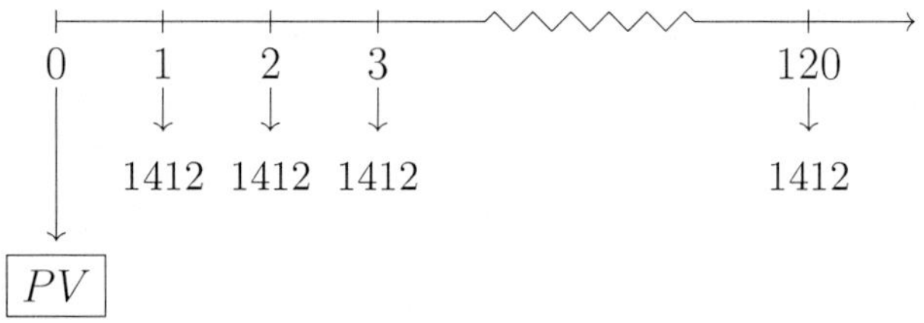

Assim,

$$a_{120\rceil 0,5\%} = \frac{1 - 1,005^{120}}{0,005} \approx 90$$

de modo que

$$PV = PMT \cdot a_{n\rceil i} \Rightarrow PV \approx 1412 \cdot 90 = 127080.$$

Isso nos dá que João deve acumular em sua conta poupança um total de R$ 127.080,00 aproximadamente para que possa ser capaz de sacar mensalmente a quantia de R$ 1412,00 durante dez anos.

Agora, iremos considerar esses R$ 127.080,00 como sendo o valor que João deverá acumular durante os 35 anos que ele terá até completar os 65 anos.

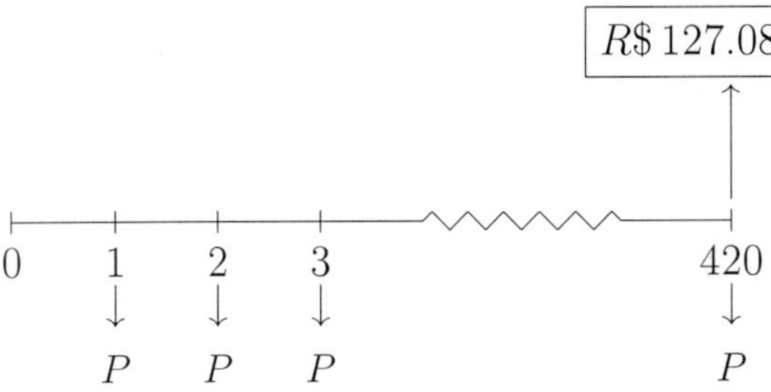

Desse modo, para determinar o valor de depósito mensal (que chamaremos de P), temos os dados: $FV = 127080$, $n = 35 \cdot 12 = 420$ meses e $i = 0,5\%$ am. Nos dando que:

$$FV = PMT \cdot s_{n\rceil i} \Rightarrow 127080 = P \cdot s_{420\rceil 0,5\%}.$$

Como

$$s_{420\rceil 0,5\%} = \frac{1,005^{420} - 1}{0,005} \approx 1424,71,$$

temos

$$P = \frac{127080}{1424,71} \Rightarrow \boxed{P \approx 89,20}$$

Por fim, ao resolver nosso problema utilizando os conceitos de valor presente e valor futuro de uma renda do tipo padrão, fomos capazes de determinar que, se João depositar R$ 89,20 mensalmente em uma poupança que rende $0,5\%$ am durante 35 anos, conseguirá sacar mensalmente durante 10 anos o valor de R$ 1.412,00 dessa conta poupança.

Vale salientar que um rendimento de $0,5\%$ am é o rendimento médio de uma conta poupança e é considerado como um rendimento baixo, sendo possível encontrar aplicações melhores. Um fator a ser considerado é a atualização do salário mínimo, precisando que os depósitos sejam corrigidos de acordo com as alterações que surgirem ao longo do tempo.

De qualquer maneira, é interessante notar como podemos trabalhar com rendas do tipo padrão em situações reais.

CAPÍTULO

SISTEMAS DE AMORTIZAÇÃO 6

> *Nem tudo o que conta pode ser contado.*
> *Nem tudo o que pode ser contado conta.*
>
> **Albert Einstein**

Quando o nosso objetivo é constituir um capital em uma data futura temos um processo de capitalização, como estudado no Capítulo 5. Por outro lado, quando queremos pagar uma dívida, temos um processo de amortização (no sentido de diminuir ou abater). Pode ocorrer também o caso em que tenha-se pagamento pelo uso sem que haja amortização: é o caso dos aluguéis.

Existem diversos sistemas de amortização que são adotados pelos mercados comerciais e financeiros. Tais sistemas diferem pelo método adotado para a devolução do principal (ao que chamamos de amortização) e pela forma de cálculo dos juros.

Desse modo, cada prestação (PMT) é composta por, pelo menos, dois elementos. Sendo o primeiro a amortização (A) e o segundo sendo os juros (J). De modo que,

$$PMT = A + J.$$

Após o pagamento de uma parte dos juros (amortização), devemos abater o que foi pago do valor da dívida e a esse valor, que deve ser atualizado a cada período da operação, chamaremos de saldo devedor (D).

Além disso, iremos considerar como base de operação as regras do regime de juros compostos. Ou seja, os juros deverão ser calculados sobre o saldo devedor referente ao período anterior[1].

Com essas nomenclaturas, podemos fazer uso de um quadro que separa cada parte do empréstimo para facilitar o entendimento e execução do processo em cada operação.

	D_t	A_t	J_t	PMT_t
0	PV	–	–	–
1	?	?	?	?

[1]Antes de atualizar o saldo devedor com o pagamento dos juros no atual período.

Sendo que cada linha será composta pelos mesmos elementos. De modo geral, a primeira coluna será nossa linha temporal, a segunda representará o saldo devedor em um período dado e a última coluna será a prestação, que é a soma das duas colunas centrais em que há a amortização (pagamento efetivo da dívida) e os juros. Por fim, no quadro, temos a última linha que representará a soma de todos os elementos da sua respectiva coluna. Pode-se notar que não há soma para o saldo devedor (tente justificar o motivo para isso acontecer).

Vale salientar que o cálculo dos juros a serem pagos ao credor, pode ser dividido em dois casos:

(1) se a operação tiver apenas uma parcela, ou seja, for finalizada no primeiro pagamento, não há mistério. Sendo PV o valor emprestado e i a taxa de juros, o valor da prestação deverá ser igual a

$$PMT = PV + J = PV + i \cdot PV = PV(1 + i).$$

De modo que o quadro de empréstimo ficará

	D_t	A_t	J_t	PMT_t
0	PV	$-$	$-$	$-$
1	0	PV	$i \cdot PV$	$PV(1+i)$
		PV	$i \cdot PV$	$PV(1+i)$

(2) se a operação tiver mais do que uma parcela, saber o valor que foi emprestado, a quantidade de parcela e a taxa de juros

da operação não são suficientes para determinar o valor da parcela ou da amortização em cada período.

Para sanar esse problema de incompletude apresentado no segundo caso, de modo geral são adotados alguns sistemas de amortização que especificam algumas das informações que antes eram indeterminadas.

Dentre os sistemas de amortização de empréstimos, os principais são o sistema de amortização constante (SAC) e o sistema de amortização francês[2]. Veremos como trabalhar, de maneira detalhada, com esses dois sistemas de amortização no decorrer desse capítulo.

Ainda podemos citar outros dois sistemas de amortização que são o sistema americano de amortização, que consiste em pagar apenas os juros a cada período (como se fosse um aluguel), e o sistema alemão de amortização, em que os juros são pagos de forma antecipada em cada prestação de modo que a última prestação não terá juros.

De modo geral, em compras casuais, estamos acostumados com prestações constantes. Porém, como o que já foi citado sugere, há outra maneira de se pagar um empréstimo sem ser com prestações constantes.

Mesmo que não percebamos imediatamente, o segundo caso está presente no cotidiano como, por exemplo, na compra financiada de uma casa em que os valores das prestações são decrescentes.

[2]também conhecido como sistema de prestações constantes (SPC).

Mesmo sem adotar um sistema de amortização específico, vejamos um exemplo.

Exemplo 6.1. Uma pessoa vai fazer um empréstimo no valor de R$ 10.000,00 em um banco que cobra juros de 5% ao mês. Sabendo que esse empréstimo será pago em duas prestações e que a primeira prestação deverá ser no valor de R$ 4.500,00, determine o valor da segunda prestação.

Solução. Com as informações apresentadas, podemos separar os dados necessários e começar a montar o quadro de empréstimo.

Dados: $D_0 = 10000$, $i = 5\%$ am, $PMT_1 = 4500$, $PMT_2 = ?$

Primeiramente, devemos observar que dos R$ 4.500,00 pagos na primeira parcela, temos juros de

$$J_1 = 0,05 \cdot 10000 = 500.$$

Ou seja, o valor a ser abatido no saldo devedor é de

$$A_1 = PMT_1 - J_1 = 4500 - 500 = 4000.$$

Com esses novos dados, completamos a primeira linha do quadro de empréstimo.

	D_t	A_t	J_t	PMT_t
0	10.000	–	–	–
1	6000	4000	500	4500
2				

Para a segunda linha (segunda parcela), como desejamos finalizar a operação no segundo mês, devemos ter a prestação igual a soma do saldo devedor mais os juros da operação. Ou seja,

$$PMT_2 = D_1 + J_2 = 6000 + 0,05 \cdot 6000 = 6300.$$

Com esses dados, podemos completar o quadro de empréstimo.

	D_t	A_t	J_t	PMT_t
0	10.000	–	–	–
1	6.000	4.000	500	4.500
2	0	6.000	300	6.300
		10.000	800	10.800

◇

Com esse exemplo, podemos notar algumas coisas.

A soma dos juros é menor do que se fosse deixado para pagar todo o empréstimo de uma vez ao final dos dois meses que seriam

$$j = 10000(1 + 0,05)^2 - 10000 = 1025 > 800$$

e isso faz todo sentido, uma vez que houve uma amortização da dívida no final do primeiro mês.

Outra coisa que pode ser observada no quadro é o fato de que a soma da soma das amortizações com a soma dos juros é exatamente a soma das prestações. Matematicamente, temos

$$
\begin{aligned}
PMT_t = A_t + J_t \quad &\Rightarrow \quad \sum_{k=1}^{n} PMT_k = \sum_{k=1}^{n}(A_k + J_k) \\
&\Rightarrow \quad \sum_{k=1}^{n} PMT_k = \sum_{k=1}^{n} A_k + \sum_{k=1}^{n} J_k.
\end{aligned}
$$

Saber dessa relação, possibilita uma maneira de detectar possíveis erros (de cálculo ou conceituais) na construção do quadro de empréstimo.

Exercícios

Exercício 6.1. Paulo vai fazer um empréstimo no valor de R$ 100.000,00 em um banco que cobra juros de 2% ao mês. Sabendo que esse empréstimo será pago em três prestações e que as duas primeiras prestações serão de R$ 25.000,00, determine o valor da terceira prestação e o valor dos juros totais pagos por Paulo. Por fim, faça um quadro de empréstimo que represente essa operação.

Exercício 6.2. Sabendo que o quadro a seguir representa o pagamento de um empréstimo em que a taxa de juros é de 10% am e que t é dado em meses, complete o quadro.

	D_t	A_t	J_t	PMT_t
0		—	—	—
1			2.000	5.000
2		4.000		
3		5.000		
4				
5		2.000		

6.1 Sistema de Amortização Constante (SAC)

Agora, iremos tratar de alguns sistemas de amortização específicos. Como citado anteriormente, trataremos sobre o sistema de amortização constante e sobre o sistema de amortização francês. Esses sistemas são importantes por serem os mais adotados no mercado financeiro brasileiro.

Dito isso, é importante que possamos ser capazes de decidir qual é o melhor sistema de amortização para ter melhores condições ao pagar uma dívida e, consequentemente, entender qual é a diferença entre eles e como isso poderá afetar o montante pago ao final da operação.

Já vimos que cada prestação será composta por, no mínimo, duas partes: a amortização e os juros.

Como é de se esperar, ao ler que o SAC é o sistema de amortização constante, teremos um sistema de pagamentos em que cada prestação deverá ter o mesmo valor para a amortização.

De certa forma, isso nos dá que as prestações não serão constantes, pois, a cada pagamento, o saldo devedor irá diminuir uma vez que será amortizado e, consequentemente, os juros da próxima prestação serão menores do que os juros da prestação atual. Nos dando que, tanto os juros quanto a prestação podem ser considerados como uma sequência decrescente.

Definição 6.1 (Sistema de Amortização Constante). O sistema de amortização constante (SAC) configura-se por uma parte de suas prestações terem sempre um mesmo valor (constante) para amortizar do saldo devedor.

Vejamos como determinar algumas fórmulas para o SAC utilizando as noções que foram apresentadas. Pois, dada essa definição e a breve apresentação de como se constituem as prestações referentes ao pagamento de uma dívida, podemos transformar essas ideias em fórmulas.

6.1.1 SAC - Em uma certa data

Nesta subseção, iremos determinar fórmulas relacionadas ao SAC apenas considerando um período dado. Ou seja, dado um $t \in \mathbb{N}$, com $0 \leq t \leq n$ (sendo n a quantidade de prestações da operação), iremos determinar a amortização, o saldo devedor, os juros e a prestação relativos ao período t.

Como consequência imediata da Definição 6.1, temos que a parcela de amortização ($A_t = A$) em cada prestação deverá ser

$$A = \frac{PV}{n}.$$

Pois, a soma das amortizações deve resultar no valor do principal e como todas as amortizações são iguais, nos resta que

$$\sum_{k=1}^{n} A_k = PV \Rightarrow \sum_{k=1}^{n} A = PV \Rightarrow n \cdot A = PV \Rightarrow \boxed{A = \frac{PV}{n}}$$

Uma vez que temos a relação entre o valor principal (PV) e a amortização (A), podemos escolher a melhor maneira de representar o saldo devedor e os juros em função de um desses dois valores.

Geralmente, escolheremos escrever em função de PV, pois isso torna as operações mais imediatas por não precisar calcular a amortização explicitamente no começo. Porém, há situações em que tratar com a amortização facilita nossas contas e deixa as expressões mais simples.

De qualquer forma, as duas possibilidades são equivalentes e retratam apenas uma questão de gosto pessoal e sem qualquer tipo de dano ao processo. Sendo a escolha de qual opção aderir uma pergunta a cada problema que precisemos resolver.

Exemplo 6.2. Um imóvel custando R$ 180.000,00, financiado, utilizando o sistema de amortização constante, deverá ser pago em sessenta prestações. Considerando que não haverá acréscimos no valor principal, determine quanto de amortização deverá constar em cada prestação.

Solução. Dados: $PV = 180000,\ n = 60,\ A = ?$

Como estamos considerando o SAC, temos que

$$A = \frac{PV}{n} = \frac{180000}{60} = 3000.$$

Desse modo, cada prestação terá uma parcela de R$ 3.000,00 referente à amortização do principal.

◇

Ao saber que a amortização é constante, podemos perceber que o saldo devedor em um dado período será o saldo devedor no período anterior menos uma parcela (constante) de amortização.

Assim, sendo A a amortização constante considerada em cada prestação e D_t o saldo devedor no período t, teremos $D_0 = PV$ já que ainda não houve pagamento de prestações e, consequentemente, não houve amortização e ainda

$$D_t = D_{t-1} - A \Rightarrow D_t - D_{t-1} = -A.$$

Ou seja, $D_t - D_{t-1}$ é constante e isso nos diz que (D_t) é uma progressão aritmética de razão $r = -A$. Desse modo,

$$\begin{aligned} D_t = D_0 + t \cdot r \quad &\Rightarrow \quad D_t = PV - t \cdot A \\ &\Rightarrow \quad D_t = PV - t \cdot \frac{PV}{n} \\ &\Rightarrow \quad \boxed{D_t = PV\left(1 - \frac{t}{n}\right)} \end{aligned}$$

Determinando uma fórmula para o saldo devedor no período t, a depender apenas do capital PV, da quantidade de prestações n e do número do período em questão, ou seja, de t.

Exemplo 6.3. Um imóvel custando R$ 180.000,00, financiado, utilizando o sistema de amortização constante, deverá ser pago em sessenta prestações. Considerando que não haverá acréscimos no valor principal, determine qual é o saldo devedor após a décima quinta parcela.

Solução. Dados: $PV = 180000,\ n = 60,\ t = 15,\ D_{15} = ?$

Como estamos considerando o SAC, temos que

$$D_t = PV\left(1 - \frac{t}{n}\right) \Rightarrow D_{15} = 180000\left(1 - \frac{15}{60}\right) = 135000$$

Desse modo, após o pagamento de quinze prestações, teremos um saldo devedor de R$ 135.000,00.

◇

Esse problema ainda poderia ter sido resolvido ao considerar que cada prestação possui R$ 3.000,00 de amortização e, consequentemente, as quinze prestações pagas acumulam

$$15 \cdot 3000 = 45000$$

pagos até então. Como a dívida era de R$ 180.000,00 e foram amortizados R$ 45.000,00, ainda restam R$ 135.000,00 no saldo devedor.

Para determinar o valor de cada parcela, está faltando apenas determinar o valor dos juros devidos em cada período. Como

$$J_t = i \cdot D_{t-1}\text{[3]},$$

temos a relação

$$\boxed{J_t = i \cdot PV\left(1 - \frac{t-1}{n}\right)}$$

[3] Por isso que foi tratado primeiro do saldo devedor.

Além disso, poderíamos notar que

$$\begin{aligned} J_t = i \cdot D_{t-1} \quad &\Rightarrow \quad J_t - J_{t-1} = i \cdot D_{t-1} - i \cdot D_{t-2} \\ &\Rightarrow \quad J_t - J_{t-1} = i \cdot (D_{t-1} - D_{t-2}) \\ &\Rightarrow \quad J_t - J_{t-1} = i \cdot (-A). \end{aligned}$$

No dando que, (J_t) é uma progressão aritmética de razão $-i \cdot A$ (negativa). Assim, como o saldo devedor, os juros formam uma sequência decrescente. Poderíamos usar esse fato para determinar uma fórmula para J_t sabendo que $J_1 = i \cdot PV$ e que a razão dessa PA é $s = -i \cdot A$.

Munidos da amortização e dos juros, somos capazes de determinar o valor de cada prestação durante o período da operação de empréstimo. Vejamos

$$\begin{aligned} PMT_t = A_t + J_t \quad &\Rightarrow \quad PMT_t = \frac{PV}{n} + i \cdot PV \left(1 - \frac{t-1}{n}\right) \\ &\Rightarrow \quad PMT_t = PV \left[\frac{1}{n} + i \cdot \left(1 - \frac{t-1}{n}\right)\right]. \end{aligned}$$

Podemos simplificar um pouco a expressão da prestação escrevendo ela em função da amortização ao invés de escrever em função do valor do principal. Como $A = \frac{PV}{n}$, temos

$$PMT_t = A + n \cdot A \cdot i - i \cdot (t-1) \cdot A$$

ou ainda

$$\boxed{PMT_t = A + i \cdot A \cdot (n - t + 1)}$$

Ainda pode-se mostrar que (PMT) é uma progressão aritmética de razão igual a $p = -i \cdot A$. Consequentemente, PMT_t é o termo de uma sequência decrescente, nos dando que a cada período o valor da prestação será menor. Além disso, pode-se determinar de que modo uma prestação será menor do que a outra (relação com a razão da progressão aritmética).

Exemplo 6.4. Um imóvel custando R$ 180.000,00, financiado utilizando o sistema de amortização constante, deverá ser pago em sessenta prestações. Considerando que não haverá acréscimos no valor principal e que a taxa de juros adotada foi de 1% am, determine qual é o valor da décima quinta parcela e qual o valor dos juros nessa prestação.

Solução. Dados: $PV = 180000$, $n = 60$, $i = 1\%$ am, $t = 15$.

Devemos, a partir dos dados disponibilizados, determinar o valor de PMT_{15} e de J_{15}. Como já sabemos que $A = 3000$ e que

$$PMT_{15} = A + J_{15}$$

basta determinar um dos itens procurados que teremos o segundo. Porém, para servir de aplicação das fórmulas apresentadas, iremos calculá-los separadamente. Temos que

$$PMT_t = A + i \cdot A \cdot (n - t + 1),$$

logo

$$PMT_{15} = 3000 + 3000 \cdot 0,01 \cdot (60 - 15 + 1) = 4380.$$

Além disso,

$$J_t = i \cdot PV \left(1 - \frac{t-1}{n}\right),$$

nos dando

$$J_{15} = 0,01 \cdot 180000 \left(1 - \frac{15-1}{60}\right) = 1380.$$

E esse era o valor esperado[4] já que $PMT_{15} = 4380$ e $A = 3000$.

Desse modo, a décima quinta prestação terá um valor igual a R$ 4.380,00, tendo essa um valor de R$ 1.380,00 refentes aos juros.

◇

Além das fórmulas que garantem ser possível determinar os valores do saldo devedor, dos juros, da amortização e da prestação em um determinado período, podemos usar as fórmulas que associam cada um dos valores dessas variáveis com seu valor no período passado. São elas

$$A_t = A_{t-1},\ D_t = D_{t-1} - A,\ J_t = i \cdot D_{t-1},\ PMT_t = PMT_{t-1} - i \cdot A.$$

Sendo essas fórmulas mais adequadas na hora de montar o quadro de empréstimo. Com a única exceção de que, possivelmente, utilizar a fórmula $PMT_t = A + J_t$ seja mais simples.

Considerando um empréstimo de R$ 100.000,00 pago por meio do sistema de amortização constante em dez prestações mensais a uma taxa de $2,5\%$ am, podemos construir o quadro de empréstimo.

[4] $J_{15} = PMT_{15} - A$.

A linha 0 consiste apenas em apresentar o $D_0 = PV$.

	D_t	A_t	J_t	PMT_t
0	100.000	–	–	–
1	?	?	?	?

Para a linha 1 (referente à primeira prestação), devemos ter em mente que $PV = 100.000$ e $n = 10$, dando-nos que

$$A = \frac{100.000}{10} = 10.000$$

e esse valor servirá para os outras linhas.

Ao pagar a primeira prestação, abateremos $A = 10.000$ do D_0, assim $D_1 = 90.000$.

Além disso,

$$J_1 = i \cdot D_0 = 0,025 \cdot 100.000 = 2.500.$$

Por fim,

$$PMT_1 = A + J_1 = 10.000 + 2.500 = 12.500.$$

	D_t	A_t	J_t	PMT_t
0	100.000	–	–	–
1	90.000	10.000	2.500	12.500
2	?	?	?	?

Seguindo de modo análogo ao processo adotado para a linha 1, temos que, para a linha 2, vale $A_2 = 10.000$, $J_2 = i \cdot D_1 = 2.250$, $PMT_2 = 12.250$ e $D_3 = 80.000$.

	D_t	A_t	J_t	PMT_t
0	100.000	–	–	–
1	90.000	10.000	2.500	12.500
2	80.000	10.000	2.250	12.250
3	?	?	?	?

Da linha 3 em diante, podemos usar que (A_t) é uma sequência constante e que (D_t), (J_t) e (PMT_t) são progressões aritméticas de razões $r = -10.000$, $s = -250$ e $p = -250$ respectivamente. Pois, assim, temos

$$\begin{aligned} D_3 &= 80.000 - 10.000 = 70.000, \\ J_3 &= 2.250 - 250 = 2.000, \\ PMT_3 &= 12.250 - 250 = 12.000. \end{aligned}$$

	D_t	A_t	J_t	PMT_t
0	100.000	–	–	–
1	90.000	10.000	2.500	12.500
2	80.000	10.000	2.250	12.250
3	70.000	10.000	2.000	12.000
4	?	?	?	?

Seguindo de uma das duas maneiras apresentadas, podemos completar o quadro e chegar ao resultado apresentado a seguir.

	D_t	A_t	J_t	PMT_t
0	100.000	–	–	–
1	90.000	10.000	2.500	12.500
2	80.000	10.000	2.250	12.250
3	70.000	10.000	2.000	12.000
4	60.000	10.000	1.750	11.750
5	50.000	10.000	1.500	11.500
6	40.000	10.000	1.250	11.250
7	30.000	10.000	1.000	11.000
8	20.000	10.000	750	10.750
9	10.000	10.000	500	10.500
10	0	10.000	250	10.250
		100.000	13.750	113.750

Com a tabela completa, podemos saber qual o saldo devedor, a amortização, os juros e a prestação em qualquer período previamente especificado.

Embora esse processo funcione sempre, por vezes será maçante precisar fazer linha por linha para determinar um único dado solicitado no problema. Para esses casos, sugerimos o uso das fórmulas demonstradas nessa subseção.

Exemplo 6.5. Um maquinário custando R$ 150.000,00 será pago por meio de uma financiamento, cuja taxa de juros é de 20% aa. Sabendo que o sistema de amortização adotado foi o SAC e que o pagamento ocorrerá em sessenta prestações mensais, determine

(a) os juros pagos na vigésima oitava prestação;

(b) o saldo devedor após o pagamento da quadragésima terceira prestação;

(c) o valor da última prestação.

Solução. Dados: $PV = 150.000$, $n = 60$ (meses), $i = 20\%$ aa.

Como temos sessenta prestações, construir um quadro de empréstimo para determinar apenas três valores específicos parece ser uma tarefa demasiadamente trabalhosa. Por isso, iremos utilizar as fórmulas que temos a nossa disposição.

Como nossa prestação é mensal e a taxa que foi dada é anual, devemos determinar a taxa mensal equivalente. Sendo i_m a taxa mensal, vale

$$i_m = (1 + 0,20)^{\frac{1}{12}} - 1 \approx 1,53\%.$$

Encontramos, assim, a taxa mensal dessa operação que é de, aproximadamente, $1,53\%$ am.

(a) Para os juros temos, pelo Exercício 6.5, $J_t = i \cdot A(n - t + 1)$. Além disso, $A = 150.000/60 = 2.500$. De modo que,

$$J_{28} = 0,0153 \cdot 2.500 \cdot (60 - 28 + 1) = 1.262,25.$$

Os juros contidos na vigésima oitava prestação são de, aproximadamente[5], R$ 1.262,25.

[5] A taxa mensal não está em seu valor exato e isso nos retorna um valor aproximado para os juros.

(b) Para o saldo devedor, temos que

$$D_t = D_0 - t \cdot A \quad \Rightarrow \quad D_{43} = 150.000 - 43 \cdot 2.500$$
$$\Rightarrow \quad D_{43} = 42.500.$$

Assim, o saldo devedor após a quadragésima terceira prestação será de R$ 42.500,00.

(c) Podemos determinar o valor da última prestação utilizando a fórmula

$$PMT_t = A + i \cdot A \cdot (n - t + 1).$$

De modo que,

$$PMT_{60} \approx 2.500 + 0,0153 \cdot 2.500 \cdot (60 - 60 + 1) = 2.538,25.$$

Encontramos que o valor da última prestação será de, aproximadamente, R$ 2.538,25.

◇

Exercícios

Exercício 6.3. Sabendo que o quadro a seguir representa o pagamento de um empréstimo por meio do sistema de amortização constante, complete o quadro.

	D_t	A_t	J_t	PMT_t
0		$-$	$-$	$-$
1				
2				
3			600	
4				
5		2.000		

Exercício 6.4. Um maquinário custando R$ 250.000,00 será pago por meio de um financiamento cuja taxa de juros é de 42% aa. Sabendo que o sistema de amortização adotado foi o SAC e que o pagamento ocorrerá em sessenta prestações mensais, determine

(a) os juros pagos na vigésima oitava prestação;

(b) o saldo devedor após o pagamento da quadragésima prestação;

(c) o valor da última prestação.

Exercício 6.5. Mostre que, no SAC, a fórmula para os juros na prestação de ordem t pode ser dada por $J_t = i \cdot A \cdot (n - t + 1)$. Em que i é a taxa de juros, n é a quantidade de prestações e A é o valor de cada amortização da operação.

Exercício 6.6. Mostre que, no sistema de amortização constante, $(PMT_t)_{t \in I_n}$ é uma progressão aritmética em que $I_n = \{0, 1, 2, 3, \ldots, n\}$. Use esse fato para escrever PMT_t em função da amortização, da taxa de juros, da quantidade de prestações dessa operação e do período em referência t da prestação.

Exercício 6.7. Um financiamento de R$ 30.000,00 será pago em dez prestações mensais a juros de 4% am. Construa o quadro de empréstimo utilizando o sistema de amortização constante.

Exercício 6.8 (CESPE - Adaptada)**.** Para um empréstimo de R$ 120.000,00 a ser pago com prestações mensais no período de 4 anos, se a operação for realizada pelo sistema de amortização constante com taxa de juros mensal de 1%, qual será o valor da segunda prestação do empréstimo?

Exercício 6.9 (FCC - Adaptada)**.** Um indivíduo adquiriu um imóvel no valor de R$ 300.000,00, tendo obtido o financiamento de 80% desse valor junto a uma instituição financeira pelo sistema de amortização constante (SAC), com taxa de juros de

1% ao mês e prazo de 96 meses. O plano de pagamento consiste em liquidar a dívida por meio de prestações mensais e consecutivas, vencendo a primeira um mês após a contratação da dívida. Determine o valor da trigésima sexta prestação.

Exercício 6.10 (FUNCERN - Adaptada). A obtenção de um financiamento de R$ 10.000,00 pelo Sistema de Amortização Constante (SAC) deverá ser pago em 10 prestações mensais, sem carência, a uma taxa de juros compostos de 3% ao mês. Determine o valor dos juros pagos na quarta prestação.

Exercício 6.11 (CESGRANRIO). No sistema de amortização de dívidas conhecido como SAC, as:

(a) amortizações periódicas a pagar são crescentes e os juros a pagar são decrescentes.

(b) amortizações periódicas a pagar são constantes e os juros a pagar são crescentes.

(c) prestações periódicas a pagar são iguais.

(d) prestações periódicas a pagar são decrescentes, embora o componente de amortização da prestação seja constante.

(e) prestações periódicas a pagar são decrescentes, o mesmo acontecendo com o componente de amortização da prestação.

Exercício 6.12 (CESGRANRIO). Um empréstimo deve ser pago pelo sistema SAC em 5 parcelas mensais com juros de 3% ao mês. Se a terceira parcela paga no financiamento do empréstimo for igual a R$ 26.160,00, o valor total do empréstimo, em reais, será de

(a) 120.000,00.

(b) 124.000,00.

(c) 128.500,00.

(d) 132.800,00.

(e) 135.600,00.

Exercício 6.13. Um empréstimo de R$ 50.000,00 deverá ser amortizado em 48 prestações mensais, pelo SAC, a uma taxa de 36% aa com capitalização mensal e uma carência de 12 meses com o juros capitalizados na carência e incorporados ao saldo devedor. Qual é o valor da 25ª parcela?

Exercício 6.14 (FGV - Adaptada). Para adquirir um carro, Gabriel financiou o valor de R$ 36.000,00 a ser quitado em 120 prestações mensais e consecutivas. A primeira prestação, no valor de R$ 1.308,00, venceu um mês após a contratação do financiamento. Se o sistema adotado foi o de Amortizações Constantes (SAC), determine o valor da taxa de juros mensal efetiva aplicada a essa transação.

Exercício 6.15 (CESGRANRIO). Um empréstimo de R$ 24.000,00 deverá ser pago de acordo com o Sistema de Amortização Constante (SAC) em 6 parcelas mensais. Se o valor da 4ª parcela for de R$ 4.240,00, então a taxa de juros mensal do empréstimo é de

(a) 1,0%.

(b) 1,5%.

(c) 2,0%.

(d) 2,5%.

(e) 3,0%.

6.1.2 SAC - Em um intervalo de tempo

Pelo que vimos na subseção anterior, sabemos que

$$A = \frac{PV}{n},\ D_t = PV - t \cdot A,\ J_t = i \cdot A \cdot (n - t + 1)$$

e ainda que

$$PMT_t = A + i \cdot A \cdot (n - t + 1)$$

sendo que cada um desses termos pertence a uma progressão aritmética. Possibilitando encontrar uma fórmula simples[6] para determinar a soma de seus termos até uma certa ordem (mesmo que esse não tenha sido o caminho adotado para determinar as somas procuradas.).

Vale observar que, mesmo os valores do saldo devedor estando em uma progressão aritmética, não faz sentido somar os termos do saldo devedor.

Vejamos, agora, como determinar algumas fórmulas para as somas desses termos.

(i) Para a soma das amortizações até a prestação PMT_k, temos

$$SA_k = \sum_{t=1}^{k} A_t = \sum_{t=1}^{k} A = k \cdot A \therefore \boxed{SA_k = k \cdot A}$$

[6]Lembrar que (a_i) for uma progressão aritmética, a soma de seus n primeiros termos pode ser dada por $s_n = \dfrac{(a_1 + a_n) \cdot n}{2}$.

(ii) Para a soma dos juros até a prestação PMT_k, temos

$$
\begin{aligned}
SJ_k &= \sum_{t=1}^{k} J_t \\
&= \sum_{t=1}^{k} i \cdot A \cdot (n - t + 1) \\
&= \sum_{t=1}^{k} [i \cdot A \cdot (n+1) - t \cdot i \cdot A] \\
&= k \cdot i \cdot A \cdot (n+1) - i \cdot A \sum_{t=1}^{k} t \\
&= k \cdot i \cdot A \cdot (n+1) - i \cdot A \cdot \frac{k(k+1)}{2} \\
&= k \cdot i \cdot A \cdot \left(\frac{2n - k + 1}{2}\right).
\end{aligned}
$$

Portanto,

$$\boxed{SJ_k = k \cdot i \cdot A \cdot \left(\frac{2n - k + 1}{2}\right)}$$

Para essa fórmula, podemos encontrar diversas variações. Como, por exemplo, ao trocar A por $\frac{PV}{n}$, encontraríamos

$$\boxed{SJ_k = \frac{PV \cdot i \cdot k}{2n} \cdot (2n + 1 - k)}$$

Que, aparentemente, não acrescenta muito ao que precisaremos.

(iii) Para a soma das k primeiras prestações, temos

$$\begin{aligned} SPMT_k &= \sum_{t=1}^{k} PMT_t \\ &= \sum_{t=1}^{k} (A_t + J_t) \\ &= \sum_{t=1}^{k} A_t + \sum_{t=1}^{k} J_t \\ &= k \cdot A + k \cdot i \cdot A \cdot \left(\frac{2n - k + 1}{2} \right) \\ &= \frac{k \cdot A}{2} \left[2 + i \cdot (2n - k + 1) \right]. \end{aligned}$$

Portanto,

$$\boxed{SPMT_k = \frac{k \cdot A}{2} \left[2 + i \cdot (2n - k + 1) \right]}.$$

Além de possibilitar um melhor entendimento sobre a teoria relacionada ao sistema de amortização constante, essas fórmulas possibilitam um caminho mais simples para resolver tipos específicos de problemas.

Veremos algumas dessas possibilidades nos exemplos apresentados a seguir.

Exemplo 6.6. Um empréstimo de R$ 100.000,00 deve ser amortizado por meio de 50 prestações utilizando o sistema de amortização constante. Sabendo que os juros pagos até a vigésima quinta prestação acumulam um total de R$ 38.000,00, determine a taxa adotada nessa operação financeira.

Solução. Dados: $PV = 100.000$, $n = 50$, $k = 25$, $SJ_k = 38.000$

Sabemos que a soma dos juros até a prestação de ordem k é dada por

$$SJ_k = k \cdot i \cdot A \cdot \left(\frac{2n - k + 1}{2}\right) \text{ e } A = \frac{PV}{n}$$

resta-nos

$$38000 = 25 \cdot i \cdot \frac{100000}{50} \cdot \left(\frac{2 \cdot 50 - 25 + 1}{2}\right) \Rightarrow i = 0,02.$$

Assim, a taxa de juros utilizada na operação financeira foi de 2% am.

◇

Exemplo 6.7. Utilizando os dados do Exemplo 6.6, determine o valor total pago ao final da operação financeira em questão.

Solução. Voltando ao Exemplo 6.6 encontramos os dados a seguir.

Dados: $PV = 100.000$, $n = 50$, $k = 25$, $i = 2\%$ am, $SPMT_k = ?$

Sabemos que o valor total da operação pode ser determinado somando valor de todas as cinquenta prestações. Além disso, temos que a soma das prestações pode ser representada por

$$SPMT_k = \frac{k \cdot A}{2}\left[2 + i \cdot (2n - k + 1)\right],$$

de modo que

$$SPMT_{50} = \frac{50 \cdot 2000}{2}\left[2 + 0,02 \cdot (2 \cdot 50 - 50 + 1)\right] = 151.000.$$

Nos restando que, o valor total pago foi de R$ 151.000,00. ◇

Por fim, ainda poderíamos determinar a soma de alguns valores, referentes às prestações ou aos juros, em um dado intervalo sem ter necessariamente que começar no primeiro termo.

Por exemplo, se quiséssemos determinar a soma das prestações começando na prestação de ordem j até a prestação de ordem k, poderíamos fazer

$$\begin{aligned}\sum_{t=j}^{k} PMT_t &= \sum_{t=1}^{k} PMT_t - \sum_{t=1}^{j-1} PMT_t \\ &= SPMT_k - SPMT_{j-1}.\end{aligned}$$

Que, utilizando a fórmula para determinar a soma das prestações até uma certa ordem, pode ser escrito como

$$\sum_{t=j}^{k} PMT_t = A(k-j+1) + \frac{A \cdot i}{2}[k(2n-k+1)-(j-1)(2n-j+2)].$$

Outra possibilidade seria lembrar que se (a_i) for uma progressão arimética, valerá a expressão

$$\sum_{t=j}^{k} a_t = \frac{(k-j+1)}{2} \cdot (a_j + a_k).$$

Uma vez que sabemos que (PMT_i) é uma progressão aritmética e sabemos uma fórmula para determinar seus termos, nosso problema fica mais uma vez resolvido.

Exercícios

Exercício 6.16. Um bem custa, à vista, P reais e deve ser quitado por meio de 100 prestações mensais segundo o sistema de amortização constante. Sabendo que a taxa de juros dessa operação é de $i\%$ am, determine valor total pago ao final da operação.

Exercício 6.17. Um empréstimo deve ser pago pelo sistema SAC em 15 parcelas mensais com juros. Se a oitava prestação paga no financiamento do empréstimo for igual a R$ 20.000,00, determine o valor total pago pelo empréstimo.

Exercício 6.18. Use a fórmula da soma dos termos de uma progressão aritmética para determinar uma fórmula para a soma das prestações referentes a um empréstimo de valor principal igual a PV, pago em n prestações pelo sistema SAC a uma taxa de juros igual a i.

Exercício 6.19. Um maquinário custando R$ 250.000,00 será pago por meio de um financiamento cuja taxa de juros é de 42% aa. Sabendo que o sistema de amortização adotado foi o SAC e que o pagamento ocorrerá em sessenta prestações mensais, determine

(a) os juros pagos nas primeira vinte e oito prestações;

(b) o valor total pago com as prestações até a quadragésima

prestação incluindo-a;

(c) o valor total pago em todas as prestações.

Exercício 6.20. Um bem custa, à vista, P reais e deve ser quitado por meio de n prestações mensais segundo o sistema de amortização constante. Sabendo que a taxa de juros dessa operação é de $i\%$ am, determine valor médio das prestações em função da amortização, da taxa de juros e da quantidade de prestações.

Obs.: considere o valor médio das prestações como sendo

$$PMT_m = \frac{1}{n}\left(\sum_{t=1}^{n} PMT_t\right).$$

Exercício 6.21. Um bem custa, à vista, P reais e deve ser quitado por meio de n prestações mensais segundo o sistema de amortização constante. Sabendo que a taxa de juros dessa operação é de $i\%$ am, mostre que o valor médio das prestações pode ser dado por

$$PMT_m = \frac{PMT_1 + PMT_n}{2}.$$

Exercício 6.22. Um empréstimo de R$ 50.000,00 deve ser amortizado por meio de 50 prestações utilizando o sistema de amortização constante. Sabendo que os juros pagos até a vigésima quinta prestação acumulam um total de R$ 28.500,00, determine a taxa adotada nessa operação financeira.

Exercício 6.23. Em empréstimo no valor de PV pago por meio do SAC em n prestação com uma taxa de juros de i, pede-se calcular os juros totais pagos das prestações PMT_j até a prestação PMT_k (incluindo-a).

6.2 Sistema de Amortização Francês (SAF)

Outro sistema de amortização muito importante é o sistema de amortização francês[7] (SAF), também conhecido como sistema de prestações constantes (SPC), que como a segunda nomenclatura bem sugere é uma sistema de amortização em que as prestações são constante, ou seja, não há alteração no valor da prestação como ocorria com o SAC.

Definição 6.2 (Sistema de Amortização Francês). O sistema de amortização francês (SAF) configura-se por suas prestações terem sempre um mesmo valor (constante).

6.2.1 SAF - Em uma certa data

Podemos observar que se há amortização, o saldo devedor deverá diminuir. Consequentemente, os juros presentes em cada prestação deverão ser menores do que os juros presentes na prestação anterior. Ou seja,

$$J_t < J_{t-1}$$

nos dando que os juros (assim como no SAC) formam uma sequência decrescente em função da ordem das prestações.

[7]Esse sistema de amortização recebe esse nome por ter sido muito utilizado na França após ser proposto por Richard Price no século XVIII. Esse sistema pode ser nomeado também como sistema Price ou tabela Price em homenagem ao seu criador.

Por outro lado, como as prestações são constantes e, na nossa hipótese, as mesmas são formadas pela soma dos juros com a amortização, nos resta que a amortização deverá crescer de um período para o outro. De modo que,

$$A_t > A_{t-1}.$$

Assim, chegamos ao fato de que a sequência das amortizações em função da ordem da prestação é uma sequência crescente.

Ainda com a hipótese de que as prestações são constantes, temos como possibilidade a linha temporal a seguir.

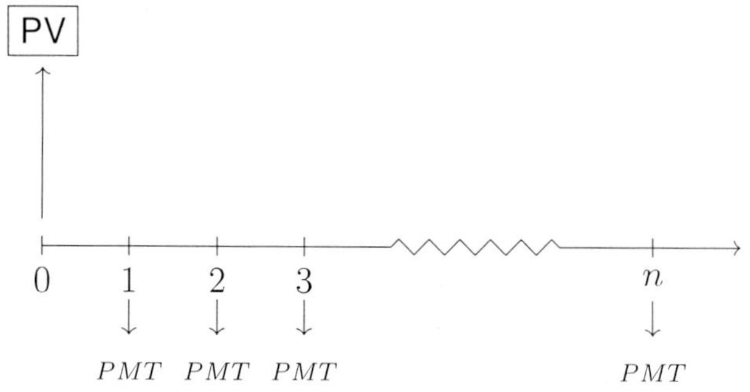

E essa situação já nos é bem familiar. Voltamos às rendas do tipo padrão e, dados o valor presente (valor do empréstimo), a taxa de juros da operação e a quantidade de parcelas, sabemos como determinar o valor da prestação.

Sendo-a

$$PMT_k = PMT \text{ e } PMT = \frac{PV}{a_{n\rceil i}}$$

em que

$$a_{n\rceil i} = \frac{1-(1+i)^{-n}}{i} \text{ (fator de valor presente).}$$

Com essa breve análise já somos capazes de preencher o quadro de empréstimo utilizando o sistema de amortização francês.

Devemos apenas observar que diferente da ordem que adotamos para o SAC[8], para o SAF iremos primeiro determinar o valor da prestação e dos juros em cada período e só depois determinaremos o valor da amortização. Pois, já temos que

$$J_t = i \cdot D_{t-1}, PMT = \frac{PV}{a_{n\rceil i}} \text{ e } A_t = PMT - J_t.$$

Considerando um empréstimo de R$ 100.000,00 pago por meio do sistema de amortização francês em dez prestações mensais a uma taxa de $2,5\%$ am, podemos construir o quadro de empréstimo.

A linha 0 consiste apenas em apresentar o D_0 que é o capital principal do empréstimo, ou seja, o PV.

	D_t	A_t	J_t	PMT_t
0	100.000	–	–	–
1	?	?	?	?

Para a linha 1 (referente à primeira prestação), devemos ter em

[8]encontrar primeiro a amortização e os juros, para depois determinar o valor da prestação.

mente que $PV = 100.000$, $i = 2,5\%$ am e $n = 10$, dando-nos que

$$PMT = \frac{PV}{a_{n\rceil i}} \Rightarrow PMT = \frac{100.000}{a_{10\rceil 2,5\%}} \Rightarrow \boxed{PMT \approx 11.425,88}$$

Esse valor da prestação servirá para as outras linhas.

Vale observar que, por causa de $a_{n\rceil i}$, os possíveis valores para PMT serão, de modo geral, dados de forma aproximada. O que acarretará em erros (conhecidos como erros de arrendondamento).

Entretanto, por serem erros pequenos e por ser inviável trabalhar com valores exatos, iremos "ignorar" esses erros e resolveremos o problema causado por eles na última linha do quadro de empréstimo ao tomar que a amortização na última prestação é igual ao saldo devedor do período anterior.

Voltando à construção do quadro, temos que os juros presentes na primeira prestação são iguais a

$$J_1 = i \cdot D_0 \Rightarrow J_1 = 0,025 \cdot 100.000 \Rightarrow \boxed{J_1 = 2.500}$$

Nisso, nos resta que,

$$A_1 = PMT - J_1 \Rightarrow A_1 \approx 11.425,88 - 2.500 \Rightarrow \boxed{A_1 \approx 8.925,88}$$

Como $D_t = D_{t-1} - A_t$, temos

$$D_1 = D_0 - A_1 = 100.000 - 8.925,88 = 91.074,12$$

completando os dados necessários para a linha 1.

	D_t	A_t	J_t	PMT_t
0	$100.000,00$	–	–	–
1	$91.074,12$	$8.925,88$	$2.500,00$	$11.425,88$
2	?	?	?	?

Para a linha 2, já sabemos que $PMT_2 = 11.425,88$. Como $D_1 = 91.074,12$, temos que

$$J_2 = i \cdot D_1 = 0,025 \cdot 91.074,12 \approx 2.276,85.^9$$

De modo que,

$$A_2 = PMT - J_2 \approx 9.149,03.$$

Para finalizar a linha 2, temos que

$$D_2 = D_1 - A_2 \approx 91.074,12 - 9.149,03 = 81.925,09.$$

	D_t	A_t	J_t	PMT_t
0	$100.000,00$	–	–	–
1	$91.074,12$	$8.925,88$	$2.500,00$	$11.425,88$
2	$81.925,09$	$9.149,03$	$2.276,85$	$11.425,88$
3	?	?	?	?

Com essas duas linhas, podemos perceber que os cálculos para o SAF são ainda mais trabalhosos do que aqueles que fize-

[9]Esse valor foi aproximado por estarmos considerando apenas duas casas decimais como significativas e esse número, mesmo que exato, tem três casas decimais. Tornando necessário um arredondamento.

mos para o SAC. Porém, com apenas duas linhas ainda não conseguimos conjecturar algumas propriedades relativas às variáveis do quadro de empréstimo. Façamos mais uma linha e vejamos o que irá surgir disso.

Para começar a preencher a linha 3, temos que $PMT_3 = 11.425,88$. Como $D_2 = 81.925,09$, vale que

$$J_3 = i \cdot D_2 = 0,025 \cdot 81.925,09 \approx 2.048,13.$$

De modo que,

$$A_3 = PMT - J_3 \approx 11.425,88 - 2.048,13 \approx 9.377,75.$$

Para finalizar a linha 3, podemos deduzir que

$$D_3 = D_2 - A_3 \approx 81.925,09 - 9.377,75 = 72.547,34.$$

	D_t	A_t	J_t	PMT_t
0	$100.000,00$	$-$	$-$	$-$
1	$91.074,12$	$8.925,88$	$2.500,00$	$11.425,88$
2	$81.925,09$	$9.149,03$	$2.276,85$	$11.425,88$
3	$72.547,34$	$9.377,75$	$2.048,13$	$11.425,88$
4	?	?	?	?

Quanto às prestações, já sabemos que as mesmas devem ser iguais. Devemos tentar encontrar alguma propriedade relacionada às sequências (D_t), (A_t) e (J_t) referentes, respectivamente, ao saldo devedor, a amortização e aos juros.

Primeiro, um teste para verificar se podem ser progressões aritméticas:

$$D_1 - D_2 = A_1 \neq A_2 = D_2 - D_3$$

$$A_2 - A_1 = 223,15 \neq 228,72 = A_3 - A_2$$

$$J_1 - J_2 = A_2 - A_1 \neq A_3 - A_2 = J_2 - J_3$$

Com isso, já podemos afirmar que (D_t), (A_t) e (J_t) não são progressões aritméticas.

Porém, é possível observar que a diferença entre amortizações consecutivas é igual ao aposto da diferença entre juros consecutivos.

Podemos provar isso sabendo que

$$PMT = A_t + J_t \Rightarrow A_t = PMT - J_t,$$

pois

$$A_t - A_{t-1} = (PMT - J_t) - (PMT - J_{t-1}) = J_{t-1} - J_t$$

ou seja, realmente vale

$$A_t - A_{t-1} = J_{t-1} - J_t \tag{6.1}$$

Agora, testaremos para verificar se podem ser progressões geométricas:

$$D_1/D_2 = 1,1117 \neq 1,1293 = D_2/D_3$$

$$A_2/A_1 \approx 1,025 \approx A_3/A_2$$

$$J_1/J_2 \approx 1,098 \neq 1,1117 \approx J_2/J_3$$

Nos dando a boa sugestão de que (D_t) e (J_t) não são progressões geométricas, mas com a esperança de que (A_t) seja. Além disso, podemos notar que a razão é aproximadamente $1 + i$.

Pela Equação (6.1) e por $J_t = i \cdot D_{t-1}$, temos que

$$\begin{aligned} A_t - A_{t-1} &= J_{t-1} - J_t \\ &= i \cdot D_{t-2} - i \cdot D_{t-1} \\ &= i \cdot (D_{t-2} - D_{t-1}) \\ &= i \cdot A_{t-1}. \end{aligned}$$

Com isso, concluímos que

$$A_t - A_{t-1} = i \cdot A_{t-1}.$$

Disso, vale

$$A_t = A_{t-1}(1 + i) \Rightarrow \frac{A_t}{A_{t-1}} = 1 + i \text{ (constante).}$$

Como estávamos suspeitando, o quociente A_t/A_{t-1} é igual a $1 + i$ que é constante, nos sobra que (A_t) é uma progressão geométrica de razão $q = 1 + i$.

Podemos, assim, determinar uma fórmula para A_t. Vejamos,

$$A_1 = PMT - J_1 = \frac{PV}{a_{n\rceil i}} - i \cdot PV = PV\left(\frac{1}{a_{n\rceil i}} - i\right),$$

pelo Exercício 5.27, vale $\boxed{A_1 = \dfrac{PV}{s_{n\rceil i}}.}$

Como (A_t) é uma progressão geométrica de razão $q = 1 + i$, temos que

$$A_t = A_1 \cdot q^{t-1} \Rightarrow \boxed{A_t = \frac{PV}{s_{n\rceil i}} \cdot (1+i)^{t-1}}$$

nos dando uma fórmula para A_t dependendo apenas da taxa de juros, da quantidade de parcelas e do valor principal do empréstimo e do período em questão.

Para os cálculos, torna-se melhor determinar o termo A_1 e deixar esse valor fixado na fórmula. Ou seja, utilizar a primeira expressão $A_t = A_1 \cdot (1+i)^{t-1}$ sabendo o valor de A_1.

Com as fórmulas para as prestações e para as amortizações, podemos determinar uma fórmula para J_t. Vejamos

$$\begin{aligned} J_t &= PMT - A_t \Rightarrow J_t \\ &= \frac{PV}{a_{n\rceil i}} - \frac{PV}{s_{n\rceil i}} \cdot (1+i)^{t-1} \\ &= PV\left[\frac{1}{a_{n\rceil i}} - \frac{(1+i)^{t-1}}{s_{n\rceil i}}\right]. \end{aligned}$$

Ou seja,

$$\boxed{J_t = PV\left[\frac{1}{a_{n\rceil i}} - \frac{(1+i)^{t-1}}{s_{n\rceil i}}\right]}$$

Vale observar que $a_{n\rceil i}$ e $s_{n\rceil i}$ são constantes e bem determinadas sempre que temos os valores de i e n.

Por fim, uma fórmula para determinar o saldo devedor em um dado período pode ser encontrada sabendo que o saldo devedor é o valor principal subtraída a soma dos valores das amortizações. Logo,

$$D_t = PV - \sum_{k=1}^{t} A_k.$$

Além disso, como (A_t) é uma progressão geométrica de razão $q = 1 + i$, temos que a soma de seus termos até o termo de ordem t é dada por

$$\sum_{k=1}^{t} A_k = A_1 \cdot \frac{(1+i)^t - 1}{i} = PV \cdot \frac{s_{t\rceil i}}{s_{n\rceil i}}.$$

De modo que,

$$\boxed{D_t = PV \left(1 - \frac{s_{t\rceil i}}{s_{n\rceil i}}\right)}$$

Devemos ter em mente que, diferente de $s_{n\rceil i}$ que é uma constante, $s_{t\rceil i}$ é variável. Ou seja, uma vez que temos i fixado, $s_{t\rceil i}$ é uma função real que depende de t, com $0 \leq t \leq n$.

Ainda podemos escrever D_t, ver Exercício 6.30, da maneira seguinte:

$$D_t = PV \cdot \frac{(1+i)^n - (1+i)^t}{(1+i)^n - 1}.$$

De posse das fórmula para D_t, A_t, J_t e PMT, podemos escolher qual é a melhor maneira de concluir o quadro de empréstimo.

A saber, utilizaremos a fórmula para determinar A_t e as subtrações adequadas para determinar os valores de D_t e J_t. Ficando como no quadro a seguir.

	D_t	A_t	J_t	PMT_t
0	100.000, 00	–	–	–
1	91.074, 12	8.925, 88	2.500, 00	11.425, 88
2	81.925, 09	9.149, 03	2.276, 85	11.425, 88
3	72.547, 34	9.377, 75	2.048, 13	11.425, 88
4	62.935, 14	9.612, 20	1.813, 68	11.425, 88
5	53.082, 64	9.852, 50	1.573, 38	11.425, 88
6	42.983, 83	10.098, 81	1.327, 07	11.425, 88
7	32.632, 55	10.351, 28	1.074, 60	11.425, 88
8	22.022, 48	10.610, 07	815, 81	11.425, 88
9	11.147, 16	10.875, 32	550, 56	11.425, 88
10	0	11.147, 16	278, 72	11.425, 88
		100.000, 00	14.258, 80	114.258, 80

Utilizando a fórmula para a amortização, temos que a décima amortização deveria ser

$$A_{10} = A_1 \cdot (1+i)^9 = 8.925,88 \cdot 1,025^9 \approx 11.147,20.$$

Porém, temos que esse valor difere em R$ 0,04[10] do valor encontrado no quadro. Isso ocorre por causa dos arredondamentos adotados entre as operações para determinar os valores apresentados no quadro.

Novamente, mesmo com a possibilidade de construir o quadro de empréstimo para qualquer operação desse tipo, esse trabalho

[10] É um erro até razoável.

todo perde o sentido quando temos situações em que o valor de n é muito grande (maior do que vinte), pois teremos pouco trabalho efetivo e, para esses casos, sugerimos a utilização das fórmulas deduzidas nessa subseção.

Exemplo 6.8. Um imóvel custando R$ 180.000,00, financiado utilizando o sistema de amortização francês, deverá ser pago em sessenta prestações. Considerando que não haverá acréscimos no valor principal e que a taxa de juros adotada foi de 1% am, determine qual é o valor da décima quinta parcela e qual o valor dos juros nessa prestação.

Solução. Dados: $PV = 180.000$, $n = 60$, $i = 1\%$ am, $PMT_{15} = ?$

A primeira coisa que devemos ter em mente é que todas as prestações devem ter o mesmo valor. De modo que

$$PMT_{15} = PMT = \frac{PV}{a_{n\rceil i}}.$$

Para determinar o valor da prestação, iremos dividir o cálculo em duas partes. Primeiro, determinaremos o fator de valor presente e, de posse desse, determinar o valor da prestação.

Para determinar o valor de $a_{n\rceil i}$, devemos apenas utilizar os valores $i = 0,01$ e $n = 60$ na fórmula do valor presente. Obtendo

$$a_{60\rceil 1\%} = \frac{1 - 1,01^{-60}}{0,01} \approx 44,955.^{11}$$

[11] Adotaremos $a_{n\rceil i}$ e $s_{n\rceil i}$ com três casas decimais exatas para melhor aproximar os valores buscados.

Para o valor da prestação, temos

$$PMT \approx \frac{180.000}{44,955} = 4004.$$

De modo que o valor da décima quinta prestação é de, aproximadamente, R$ 4.004,00[12].

◇

Exemplo 6.9. Um imóvel custando R$ 180.000,00, financiado utilizando o sistema de amortização francês, deverá ser pago em sessenta prestações. Considerando que não haverá acréscimos no valor principal e que a taxa de juros adotada foi de 1% am, determine qual é o saldo devedor após o pagamento da décima sexta prestação.

Solução. $\boxed{\text{Dados: } PV = 180.000,\ n = 60,\ i = 1\% \text{ am},\ D_{16} = ?}$

Como o problema solicita o saldo devedor após o pagamento da décima sexta prestação, estamos interessados em determinar qual é o valor de D_{16}. Como sabemos que

$$D_t = PV \cdot \frac{(1+i)^n - (1+i)^t}{(1+i)^n - 1}.$$

Nos resta que,

$$D_{16} = 180.000 \cdot \frac{1,01^{60} - 1,01^{16}}{1,01^{60} - 1} \approx 144.522,43.$$

[12]Se fosse usado $a_{n\rceil i}$ com duas casas decimais, o valor da prestação seria, aproximadamente, R$ 4.003,56. Uma diferença de R$ 0,44 em cada prestação.

Ou seja, o saldo devedor após o pagamento da décima sexta prestação ainda será igual a R$ 144.522,43 aproximadamente.

◇

Exemplo 6.10. Um maquinário custando R$ 180.000,00 será pago por meio de uma financiamento cuja taxa de juros é de 18% aa com capitalização mensal. Sabendo que o sistema de amortização adotado foi o SAF e que o pagamento ocorrerá em sessenta prestações mensais, determine

(a) os juros pagos na vigésima oitava prestação;

(b) o saldo devedor após o pagamento da quadragésima quarta prestação;

(c) o valor da amortização na última prestação.

Solução. Temos que a taxa nominal é de 18% aa com capitalização mensal. Nos dando que a taxa mensal efetiva é igual a

$$i_m = \frac{18\%}{12} = 1,5\% \text{ am.}$$

(a) Como temos que

$$J_t = PV\left[\frac{1}{a_{n\rceil i}} - \frac{(1+i)^{t-1}}{s_{n\rceil i}}\right],$$

precisamos determinar os valores de $a_{n\rceil i}$ e $s_{n\rceil i}$.

$$a_{60\rceil 1,5\%} = \frac{1 - 1,015^{-60}}{0,015} \approx 39,38$$

$$s_{60\rceil 1{,}5\%} = \frac{1{,}015^{60} - 1}{0{,}015} \approx 96{,}215$$

de modo que

$$J_{28} \approx 180.000 \cdot \left(\frac{1}{39{,}38} - \frac{1{,}015^{27}}{96{,}215} \right) \approx 1.774{,}36.$$

Ou seja, os juros embutidos na vigésima oitava prestação são de, aproximadamente, R$ 1.774,36.

Figura 6.1: WolframAlpha: Valor dos Juros

Fonte: <https://www.wolframalpha.com/>

Podemos observar que mesmo com tantas aproximações utilizadas em cada valor calculado, o valor final encontrado ainda é razoável. Ao fazer essas contas diretamente em uma calculadora (como o WolframAlpha, ver Figura 6.1) encontramos como resultado o valor R$ 1.774,319 que difere do valor encontrado em menos de cinco centavos.

(b) Novamente, para o saldo devedor, devemos usar a fórmula

$$D_t = PV \cdot \frac{(1+i)^n - (1+i)^t}{(1+i)^n - 1}.$$

Nos dando que o valor de D_{44} é

$$D_{44} = 180.000 \cdot \frac{1,015^{60} - 1,015^{44}}{1,015^{60} - 1} \approx 64.591,42.$$

(c) Sabemos que $A_t = A_1 \cdot (1+i)^{t-1}$, em que $A_1 = PV/s_{n\rceil i}$. Já temos que

$$s_{60\rceil 1,5\%} \approx 96,215,$$

de modo que

$$A_1 = \frac{180.000}{96,215} \approx 1.870,81.$$

Por fim,

$$A_{60} = A_1 \cdot (1+i)^{59} \Rightarrow A_{60} \approx 1.870,81 \cdot 1,015^{59} \approx 4.503,25.$$

Assim, o valor da amortização na última prestação será de, aproximadamente, R$ 4.503,25.

◇

Exercícios

Exercício 6.24. Sabendo que o quadro a seguir representa o pagamento de um empréstimo por meio do sistema de amortização francês, complete o quadro.

	D_t	A_t	J_t	PMT_t
0	9.669.74	–	–	–
1				
2				
3				2.000
4				
5				

Exercício 6.25. Sabendo que o quadro a seguir representa o pagamento de um empréstimo por meio do sistema de amortização francês em que a taxa de juros adotada foi de 2% am e que $D_3 = 11.533,72$, complete o quadro.

	D_t	A_t	J_t	PMT_t
0		–	–	–
1				
2				
3				
4				
5				

Exercício 6.26. Um financiamento de R$ 30.000,00 será pago em dez prestações mensais a juros de 4% am. Construa a planilha de amortização utilizando o sistema de amortização francês.

Exercício 6.27. Um imóvel custando R$ 120.000,00, financiado utilizando o sistema de amortização francês, deverá ser pago em sessenta prestações. Considerando que não haverá acréscimos no valor principal e que a taxa de juros adotada foi de $1,5\%$ am, determine qual é o valor da décima oitava parcela e qual o valor dos juros nessa prestação.

Exercício 6.28. Um imóvel custando R$ 120.000,00, financiado utilizando o sistema de amortização francês, deverá ser pago em sessenta prestações. Considerando que não haverá acréscimos no valor principal e que a taxa de juros adotada foi de $1,5\%$ am, determine qual é o saldo devedor após o pagamento da décima oitava prestação.

Exercício 6.29. Um maquinário custando R$ 150.000,00 será pago por meio de um financiamento cuja taxa de juros é de 20% aa com capitalização mensal. Sabendo que o sistema de amortização adotado foi o SAF e que o pagamento ocorrerá em sessenta prestações mensais, determine

(a) os juros pagos na vigésima oitava prestação;

(b) o saldo devedor após o pagamento da quadragésima terceira prestação;

(c) o valor da amortização na última prestação.

Exercício 6.30. Ao considerar o empréstimo de PV a uma taxa de juros mensal de $i\%$, pago em n prestações mensais por meio do sistema de amortização francês, mostre que o saldo devedor na data t, com $0 \leq t \leq n$, é dado por

$$D_t = PV \cdot \frac{(1+i)^n - (1+i)^t}{(1+i)^n - 1}.$$

Exercício 6.31 (CESGRANRIO - Adaptada). Um imóvel pode ser comprado à vista pelo valor de R$ 240.000,00 ou pode ser financiado em 24 prestações mensais, a serem pagas de acordo com o sistema Price de amortização. Um potencial comprador, ciente da taxa de juros do financiamento, calculou quanto seria a soma das 24 prestações, encontrando, corretamente, o valor de R$ 272.331,64. Determine o valor da terceira parcela do financiamento.

Exercício 6.32 (FCC - Adaptado). Um empréstimo no valor de R$ 10.000,00 foi contratado para ser pago em 10 prestações mensais iguais, vencendo a primeira no prazo de 30 dias, à taxa de juros compostos de 3% ao mês. Determine o saldo devedor no primeiro mês, após o pagamento da primeira prestação, considerando o Sistema de Amortização Francês.

Exercício 6.33 (FGV). Um empréstimo será quitado em 5 anos com pagamentos consecutivos anuais postecipados de R$ 6720,00, segundo o Sistema Francês de Amortização (Tabela Price). Se a taxa de juros efetiva a ser utilizada é de 16% a.a., então a amortização no saldo devedor decorrente do pagamento da primeira prestação será de (Considere $1,16^5 = 2,1$)

(a) R$ 3.000,00.

(b) R$ 3.050,00.

(c) R$ 3.100,00.

(d) R$ 3.150,00.

(e) R$ 3.200,00.

Exercício 6.34 (CESPE). Um apartamento foi financiado para ser pago em 20 anos, em prestações mensais, sendo feito o primeiro pagamento no mês seguinte à contratação do empréstimo. O valor financiado é de R$ 600.000 e a taxa de juros contratada, de 0,75% ao mês, será constante. A amortização poderá ocorrer pelo sistema de amortizações constantes (SAC) ou pelo sistema Price.
Tendo como referência essa situação hipotética, e desconsiderando os efeitos da inflação no período, julgue o item a seguir.

( ) Os juros pagos em cada mês no SAC são decrescentes; no sistema Price, eles são constantes.

Exercício 6.35 (IBFC - Adaptada). Considere um financiamento pelo sistema Price ou francês do valor de R$ 120.000,00, taxa de juros de 2% a.m. e pagamento de 10 parcelas iguais e consecutivas de R$ 13.359,18. Determine o montante amortizado na 3ª parcela.

Exercício 6.36 (FADESP - Adaptada). Um financiamento de R$ 10.000,00 foi realizado para ser amortizado pelo Sistema Francês, a juros de 2% ao mês. Sabendo que o valor de cada parcela será de R$ 400,00, determine o número de parcelas mensais a serem pagas para quitação do financiamento.

Exercício 6.37 (UFMT - Adaptada). A Cia Pericial não provisionou financeiramente o pagamento do 13º salário dos funcionários e, na data do pagamento, teve que recorrer a um empréstimo no Banco Fácil. O gerente liberou uma quantia igual a R$ 20.000,00 a ser pago em 4 parcelas mensais e iguais no valor de R$ 6.309,42 e com juros de 10% a.m. Determine qual será a quota de amortização resultante do pagamento da 3ª parcela do empréstimo.

Exercício 6.38. Um empréstimo de R$ 50.000,00 deverá ser amortizado em 48 prestações mensais, pelo SAF, a uma taxa de 36% aa com capitalização mensal e uma carência de 12 meses com os juros capitalizados na carência e incorporados ao saldo devedor. Qual é o valor da 25ª parcela?

Exercício 6.39 (FGV). Uma casa custa R$ 20.000,00 à vista. Há duas propostas de financiamento:

(1) Financiamento de 100% do valor do imóvel a uma taxa anual de 6% ao ano, a juros compostos, com um prazo de 25 anos para pagamento.

(2) Financiamento de 80% do valor do imóvel, com uma taxa de 8% ao ano, a juros compostos, e 20 anos para pagamento.

Assinale a opção que indica os valores das prestações anuais de cada proposta e de quanto seria o valor da entrada na segunda proposta.
Considere as aproximações: $1,06^{25} = 4,3$ e $1,08^{20} = 4,7.$]

(a) 1: Prestação de R$ 2.563,64; 2: prestação de R$ 2.625,95, com R$ 1.600,00 de entrada.

(b) 1: Prestação de R$ 2.000,00; 2: prestação de R$ 2080,00, com R$ 4.000,00 de entrada.

(c) 1: Prestação de R$ 1.563,64; 2: prestação de R$ 1.625,95, com R$ 4.000,00 de entrada.

(d) 1: Prestação de R$ 1.000,00; 2: prestação de R$ 1.280,00, com R$ 4.000,00 de entrada.

(e) 1: Prestação de R$ 2.000,00; 2: prestação de R$ 2.080,00, com R$ 1.600,00 de entrada.

Exercício 6.40 (CESPE). O valor da amortização do principal de um financiamento imobiliário contratado com base no sistema Price é resultado da

(a) diferença entre o valor da prestação e o valor dos juros do período.

(b) divisão do valor do principal pelo prazo da operação.

(c) diferença entre o valor do principal atualizado ao final do financiamento e o valor dos juros compensatórios pagos durante o período de carência.

(d) divisão do saldo devedor remanescente do financiamento pelo número de prestações a vencer.

(e) média aritmética das amortizações calculadas com base no Sistema de Amortização Francês e no Sistema de Amortização Constante (SAC).

6.2.2 SAF - Em um intervalo de tempo

Já sabemos que as fórmulas

$$PMT = \frac{PV}{a_{n\rceil i}},$$

$$A_t = A_1 \cdot (1+i)^{t-1}, \text{ com } A_1 = \frac{PV}{s_{n\rceil i}},$$

$$J_t = PV\left[\frac{1}{a_{n\rceil i}} - \frac{(1+i)^{t-1}}{s_{n\rceil i}}\right],$$

$$D_t = PV\left(1 - \frac{s_{t\rceil i}}{s_{n\rceil i}}\right)$$

são válidas para algum valor de $0 \leq t \leq n$.

Nosso objetivo nessa subseção é determinar novas fórmulas que nos ajudem a encontrar a soma, até um dado período, das amortizações e dos juros[13].

Para a soma das amortizações, já sabemos que vale

$$\sum_{k=1}^{t} A_k = PV \cdot \frac{s_{t\rceil i}}{s_{n\rceil i}}, \text{ sempre que } 0 \leq t \leq n.$$

[13]Não precisamos determinar uma fórmula que some as prestações, pois, por serem constantes, basta multiplicar pela ordem da prestação considerada. Ou seja,

$$\sum_{k=1}^{t} PMT_k = t \cdot PMT.$$

Além disso, também não precisaremos somar o saldo devedor, pois tal operação não faz sentido e não é necessária para a teoria apresentada.

Exemplo 6.11. Um empréstimo de R$ 100.000,00 deve ser amortizado por meio de 50 prestações mensais utilizando o sistema de amortização francês. Sabendo que a taxa de juros adotada foi de 2% am, determine quanto do valor principal foi amortizado até o pagamento da vigésima quinta prestação.

Solução. Como estamos preocupados em determinar quanto foi efetivamente pago do saldo devedor até a prestação 25, devemos determinar o valor de $SA_{25} = \sum_{k=1}^{25} A_k$. Fazendo uso dos dados a seguir.

Dados: $PV = 100.000$, $n = 50$, $k = 25$, $i = 2\%$ am, $SA_{25} = ?$

Como sabemos que

$$\sum_{k=1}^{t} A_t = PV \cdot \frac{s_{t\rceil i}}{s_{n\rceil i}} \Rightarrow \sum_{k=1}^{25} A_k = 100.000 \cdot \frac{s_{25\rceil 2\%}}{s_{50\rceil 2\%}},$$

vamos primeiro determinar os valores de $s_{25\rceil 2\%}$ e $s_{50\rceil 2\%}$:

$$s_{25\rceil 2\%} = \frac{1,02^{25} - 1}{0,02} \approx 32,03,$$

$$s_{50\rceil 2\%} = \frac{1,02^{50} - 1}{0,02} \approx 84,58.$$

De modo que,

$$SA_{25} = 100.000 \cdot \frac{84,58}{32,03} \approx 37.869,47.$$

Ou seja, as amortizações pagas até a vigésima quinta prestação monta a quantia de, aproximadamente, R$ 37.869,47. ◇

Faltando apenas uma relação para a soma dos juros. Para isso, usaremos a relação $PMT_k = J_k + A_k$ e as fórmulas para as somas das prestações e das amortizações. Nisso vale

$$
\begin{aligned}
PMT_k = A_k + J_k \quad & \Rightarrow \quad \sum_{k=1}^{t} PMT_k = \sum_{k=1}^{t} (A_k + J_k) \\
& \Rightarrow \quad \sum_{k=1}^{t} PMT_k = \sum_{k=1}^{t} A_k + \sum_{k=1}^{t} J_k \\
& \Rightarrow \quad \sum_{k=1}^{t} J_k = \sum_{k=1}^{t} PMT_k + \sum_{k=1}^{t} A_k \\
& \Rightarrow \quad \sum_{k=1}^{t} J_k = t \cdot PMT - PV \cdot \frac{s_{t\rceil i}}{s_{n\rceil i}} \\
& \Rightarrow \quad \sum_{k=1}^{t} J_k = t \cdot \frac{PV}{a_{n\rceil i}} - PV \cdot \frac{s_{t\rceil i}}{s_{n\rceil i}} \\
& \Rightarrow \quad \boxed{\sum_{k=1}^{t} J_k = PV \cdot \left(\frac{t}{a_{n\rceil i}} - \frac{s_{t\rceil i}}{s_{n\rceil i}} \right)}
\end{aligned}
$$

Vejamos, a seguir, um exemplo de aplicação da fórmula para a soma dos juros.

Exemplo 6.12. Um empréstimo de R$ 100.000,00 deve ser amortizado por meio de 50 prestações mensais utilizando o sistema de amortização francês. Sabendo que a taxa de juros adotada foi de 2% am, determine quanto do valor principal foi amortizado até o pagamento da vigésima quinta prestação.

Solução. Como estamos preocupados em determinar quanto foi pago de juros até a prestação 25, devemos determinar o valor de

$SJ_{25} = \sum_{k=1}^{25} J_k$. Fazendo uso dos dados a seguir.

Dados: $PV = 100.000$, $n = 50$, $k = 25$, $i = 2\%$ am, $SJ_{25} =?$

Como sabemos que vale a fórmula

$$SJ_t = PV \cdot \left(\frac{t}{a_{n]i}} - \frac{s_{t]i}}{s_{n]i}} \right) \Rightarrow SJ_{25} = 100.000 \cdot \left(\frac{25}{a_{50]2\%}} - \frac{s_{25]2\%}}{s_{50]2\%}} \right)$$

já sabemos, pelo Exemplo 6.11, que

$$s_{25]2\%} \approx 32,03 \text{ e } s_{50]2\%} \approx 84,58.$$

Faltando apenas determinar o valor de $a_{50]2\%}$.

$$a_{50]2\%} = \frac{1 - 1,02^{-50}}{0,02} \approx 31,42.$$

Resultando em

$$SJ_{25} \approx 100.000 \cdot \left(\frac{25}{31,42} - \frac{32,03}{84,58} \right) \approx 41.697,68.$$

O acúmulo dos juros pagos até a vigésima quinta prestação montam a quantia de, aproximadamente, R$ 41.697,68.

◇

Podemos comparar os dados contidos no Exemplo 6.6 e no Exemplo 6.12, que, para esse caso (os dois exemplos usam os mesmo dados mudando apenas o sistema de amortização adotado), a soma dos juros é maior ao considerar o sistema de amortização francês.

Poderíamos ter resolvido o Exemplo 6.12, calculando a prestação e depois utilizando o fato de que

$$SJ_{25} = 25 \cdot PMT - SA_{25}.$$

Como o valor de SA_{25} já foi determinado no Exemplo 6.11, o nosso problema estaria mais uma vez resolvido.

Exemplo 6.13. Um empréstimo de R$ 100.000,00 deve ser amortizado por meio de 50 prestações mensais utilizando o sistema de amortização francês. Sabendo que a taxa de juros adotada foi de 2% am, determine os juros totais pagos nessa operação.

Solução. Como estamos preocupados em determinar quanto foi pago de juros até o final da operação, devemos determinar o valor de $SJ_{50} = \sum_{k=1}^{50} J_k$. Fazendo uso dos dados a seguir.

Dados: $PV = 100.000$, $n = 50$, $k = 25$, $i = 2\%$ am, $SJ_{50} = ?$

Nesse caso, temos

$$SJ_{50} = PV \cdot \left(\frac{50}{a_{50\rceil 2\%}} - \frac{s_{50\rceil 2\%}}{s_{50\rceil 2\%}} \right) \Rightarrow SJ_{50} = 100.000 \cdot \left(\frac{50}{a_{50\rceil 2\%}} - 1 \right).$$

Podemos notar que essa equação pode ser reorganizada para se tornar

$$SJ_{50} = n \cdot \frac{PV}{a_{n\rceil i}} - PV = n \cdot PMT - PV$$

que é exatamente a soma de todas as prestações pagas menos o valor principal do empréstimo (em outras palavras, os juros totais).

$$SJ_{50} = 100.000 \cdot \left(\frac{50}{31,42} - 1 \right) \approx 59.134,31.$$

Por fim, temos que os juros totais pagos na operação montam a quantia de, aproximadamente, R$ 59.134,31.

◇

Exercícios

Exercício 6.41. Em um empréstimo de R$ 100.000,00, pago por meio de cinquenta prestações utilizando o sistema de amortização francês, os juros totais foram de R$ 65.000,00. Determine o valor da prestação.

Exercício 6.42. Um empréstimo de R$ 180.000,00 deve ser amortizado por meio de 60 prestações mensais utilizando o sistema de amortização francês. Sabendo que a taxa de juros adotada foi de $1,5\%$ am, determine quanto do valor principal foi amortizado até o pagamento da vigésima oitava prestação.

Exercício 6.43. Um empréstimo de R$ 180.000,00 deve ser amortizado por meio de 50 prestações mensais. Sabendo que a taxa de juros adotada foi de $1,5\%$ am, determine quanto do valor principal foi amortizado até o pagamento da vigésima quinta prestação utilizando o SAC e depois o SAF. Por fim, compare os resultados obtidos.

Exercício 6.44. Em um empréstimo de R$ 100.000,00, pago por meio de cinquenta prestações mensais utilizando o sistema de amortização francês, em que foi adotada uma taxa de juros igual a 15% aa com capitalização mensal, determine em que prestação os valores amortizados irão exceder metade do valor principal do empréstimo.

CAPÍTULO

COMPARAÇÕES ENTRE O SAC E O SAF

7

Se os outros refletissem sobre verdades matemáticas tão profundamente e tão continuamente quanto eu, eles fariam minhas descobertas.

Gauss

Para finalizar o livro, vamos abordar algumas comparações relacionadas aos sistemas de amortizações apresentados no capítulo anterior (o SAC e o SAF) considerando ambos os sistemas com as mesmas condições na operação financeira (mesma quantidade de prestações, mesmo valor principal e mesma taxa de juros).

7.1 Comparação entre prestações

Para diferenciar as prestações em acordo com os sistemas de amortização adotados, utilizaremos PC_t e PF_t para as prestações de ordem t no SAC e no SAF respectivamente.

Sabemos que, no sistema de amortização constante, as prestações são dadas por

$$PC_t = PV\left[\frac{1}{n} + i \cdot \left(1 - \frac{t-1}{n}\right)\right]$$

já as prestações no sistema de amortização francês são dadas por

$$PF_t = PV \cdot \frac{1}{a_{n\rceil i}} = PV \cdot \frac{i}{1-(1+i)^{-n}}.$$

Vemos que ambas possuem um fator PV em comum. Além disso, temos que PF_t é constante e independe de t.

7.1.1 Primeira prestação

Para as primeiras prestações, basta tomarmos $t = 1$ e teremos

$$PC_1 = PV \cdot \left(\frac{1}{n} + i\right),$$

$$PF_1 = PV \cdot \frac{i}{1-(1+i)^{-n}}.$$

De modo que precisamos comparar

$$A = \frac{1}{n} + i \text{ com } \frac{1}{a_{n\rceil i}} = \frac{i}{1-(1+i)^{-n}}.$$

Para tanto, iremos considerar $i > 0$ e $n \in \mathbb{N}^*$ (que faz todo sentido, uma vez que n representa a quantidade de prestações da operação financeira em questão), com essas hipóteses, pela Desigualdade de Bernoulli, vale que

$$(1+i)^n \geq 1 + i \cdot n.$$

De modo que,

$$\begin{aligned}
(1+i)^n \geq 1+i\cdot n \quad &\Rightarrow \quad \frac{1}{(1+i)^n} \leq \frac{1}{1+i\cdot n} \\
&\Rightarrow \quad -\frac{1}{(1+i)^n} \geq -\frac{1}{1+i\cdot n} \\
&\Rightarrow \quad 1-\frac{1}{(1+i)^n} \geq 1-\frac{1}{1+i\cdot n} = \frac{i\cdot n}{1+i\cdot n} \\
&\Rightarrow \quad \frac{1-(1+i)^{-n}}{i} \geq \frac{n}{1+i\cdot n} \\
&\Rightarrow \quad \frac{i}{1-(1+i)^{-n}} \leq \frac{1+i\cdot n}{n} = \frac{1}{n}+i
\end{aligned}$$

Ou seja,

$$\frac{i}{1-(1+i)^{-n}} \leq \frac{1}{n} + i$$

e isso garante que

$$PF_1 = PV \cdot \frac{1}{a_{n\rceil i}} \leq PV \cdot \left(\frac{1}{n} + i\right) = PC_1 \therefore \boxed{PF_1 \leq PC_1}$$

Em palavras, encontramos que a primeira prestação no SAC não é menor do que a primeira prestação no SAF. Obviamente, vale a desigualdade restrita. Pois, a igualdade só valeria se valesse a Desigualdade de Bernoulli e essa, por sua vez, só vale quando $i = 0$ (que foi descartado no começo) ou $n = 1$ e esse é o caso em que o empréstimo teria apenas uma prestação e não precisaria comparar os sistemas de amortização.

Disso, podemos afirmar que $PF_1 < PC_1$.

7.1.2 Última prestação

Para a última prestação, devemos tomar $t = n$ na fórmula das prestações no sistema de amortização constante. Ficando

$$PC_n = PV\left[\frac{1}{n} + i \cdot \left(1 - \frac{n-1}{n}\right)\right] \Rightarrow PC_n = PV \cdot \frac{1+i}{n}.$$

Para o sistema de amortização francês, como todas as prestações são iguais, temos

$$PF_n = PV \cdot \frac{1}{a_{n\rceil i}}.$$

Desse modo, para comparar as duas prestações, basta que encontremos uma relação entre os fatores

$$\frac{1+i}{n} \text{ e } \frac{1}{a_{n\rceil i}}.$$

Pelo Exercício 2.40 e supondo $i > 0 > -1$ e $n \in \mathbb{N}$, temos que vale a desigualdade

$$(1+i)^{-n} > 1 - i \cdot n.$$

Em particular, ao considerar uma operação de empréstimo com alguma amortização, ou seja, $n > 0$, teremos $(n-1) \in \mathbb{N}$, valendo que

$$\begin{aligned}
(1+i)^{-(n-1)} > 1-(n-1)\cdot i \quad &\Rightarrow \quad (1+i)\cdot(1+i)^{-n} > 1+i-i\cdot n \\
&\Rightarrow \quad (1+i)^{-n} > 1 - \frac{i\cdot n}{1+i} \\
&\Rightarrow \quad \frac{i\cdot n}{1+i} > 1-(1+i)^{-n} \\
&\Rightarrow \quad \frac{n}{1+i} > \frac{1-(1+i)^{-n}}{i} \\
&\Rightarrow \quad \frac{1+i}{n} < \frac{i}{1-(1+i)^{-n}} \\
&\Rightarrow \quad \boxed{PC_n < PF_n}
\end{aligned}$$

Assim, podemos concluir que a última prestação no SAC é menor do que a última prestação (e qualquer outra, já que são iguais) no SAF.

7.1.3 Prestações iguais (ou quase)

Como as prestações no SAF são constantes e as prestações no SAC são linearmente decrescentes com

$$PC_1 > PF_1 \text{ e } PC_n < PF_n,$$

em algum momento os valores das prestações do SAC deverão alcançar e ultrapassar[1] o valor da prestação no SAF.

Podemos estimar o número da prestação em que isso ocorrerá fazendo $PC_k = PF_k$. De modo que,

$$\begin{aligned} PC_k = PF_k \quad &\Rightarrow \quad PV\left[\frac{1}{n} + i \cdot \left(1 - \frac{k-1}{n}\right)\right] = PV \cdot \frac{i}{1-(1+i)^{-n}} \\ &\Rightarrow \quad \frac{1}{n} + i \cdot \left(1 - \frac{k-1}{n}\right) = \frac{i}{1-(1+i)^{-n}} \\ &\Rightarrow \quad \boxed{k = n + 1 + \frac{1}{i} - \frac{n}{1-(1+i)^{-n}}} \end{aligned}$$

Podemos notar que a ordem das prestações em que a "igualdade" ocorrerá não depende do valor principal.

Veremos a seguir um exemplo que mostrará como podemos aplicar essa fórmula em uma situação teórica. Possibilitando um melhor entendimento de sua natureza e usabilidade.

[1] Nem sempre será possível que os valores se igualem. Isso ocorre pelo fato de que a função que associa o período ao valor da prestação ter um domínio discreto.

Exemplo 7.1. Considere um financiamento de R$ 100.000,00 amortizado em sessenta prestações mensais em que a taxa de juros adotada foi de 2% am. Determine em que momento o valor da prestação no SAC irá ser menor do que o valor da prestação do SAF.

Solução.

Dados:	$PV = 100.000,\ n = 60,\ i = 2\%$ am, $k = ?$

Queremos determinar o valor de k, com $PC_k = PF_k$ ou com $PC_k > PF_k$ e $PC_{k+1} < PF_{k+1}$.

De modo que, queremos o momento k em que o valor da prestação no SAC se torna igual ou imediatamente menor do que o valor da prestação no SAF.

Para isso, temos a fórmula

$$k = n + 1 + \frac{1}{i} - \frac{n}{1 - (1+i)^{-n}}$$

nos dando, com os dados do problema, que

$$k = 60 + 1 + \frac{1}{0,02} - \frac{60}{1 - 1,02^{-60}}$$

assim, $k \approx 24,7$.

Com isso, temos que $PC_{24} > PF_{24}$ e $PC_{25} < PF_{25}$.

Ou seja, a partir da prestação de número 25, os valores das prestações do SAC serão menores do que o valor da prestação do SAF.

◇

Podemos calcular as prestações e constatar que as informações obtidas são realmente válidas. Para o SAF, temos

$$\begin{aligned} PF_{24} = PF_{25} &= PV \cdot \frac{i}{1-(1+i)^{-n}} \\ &= 100.000 \cdot \frac{0,02}{1-1,02^{-60}} \\ &\approx 2.876,80. \end{aligned}$$

Além disso, para o SAC, temos

$$PC_{24} = 100.000\left[\frac{1}{60} + 0,02 \cdot \left(1 - \frac{24-1}{60}\right)\right] = 2.900 > PF_{24}$$

$$PC_{25} = 100.000\left[\frac{1}{60} + 0,02 \cdot \left(1 - \frac{25-1}{60}\right)\right] \approx 2.866,67 < PF_{25}$$

Acontecendo exatamente o que se esperava.

Exercícios

Exercício 7.1. Um empréstimo de R$ 180.000,00 deve ser amortizado por meio de 60 prestações mensais. Sabendo que a taxa de juros adotada foi de $1,5\%$ am, determine quando o valor da prestação no sistema de amortização constante irá ser menor do que o valor da prestação no sistema de amortização francês.

Exercício 7.2. Um empréstimo deve ser amortizado por meio de 120 prestações mensais. Sabendo que a taxa de juros adotada foi de 1% am, determine quando o valor da prestação no sistema de amortização constante irá ser menor do que o valor da prestação no sistema de amortização francês.

Exercício 7.3. Um empréstimo de R$ 180.000,00 deve ser amortizado por meio de uma certa quantidade de prestações mensais. Sabendo que a taxa de juros adotada foi de 2% am, que a prestação no sistema de prestações constantes foi de R$ 3.990,00 e que a última prestação, no SAC, que excede o valor das prestações no SAF é a trigésima oitava, determine a quantidade de prestações desse empréstimo.

Exercício 7.4 (CESPE). Acerca dos sistemas de amortização, supondo-se que f seja o valor financiado, n seja o prazo total do financiamento em meses e i seja a taxa de juros ao mês, julgue o seguinte item.

( ) As prestações do sistema de amortização constante são sempre maiores que as do sistema de prestação constante (sistema francês).

Exercício 7.5 (FEPESE). Comparando-se o sistema de amortização constante (SAC) com o sistema de amortização francês (price), é correto afirmar:

(a) As prestações pelo SAC começam maiores e terminam menores do que pelo price.

(b) As prestações pelo SAC são iguais em todos os períodos, ao contrário do que ocorre com o price.

(c) Como a amortização é constante no SAC, o número de parcelas necessárias para quitar uma dívida é menor do que pelo price.

(d) No SAC, os juros pagos diminuem com o passar do tempo, ao passo que, no price, os juros aumentam.

(e) No SAC, os juros pagos aumentam com o passar do tempo, ao passo que, no price, os juros diminuem.

7.2 Quem tem mais juros

Já sabemos que a soma dos juros, até a prestação de ordem k, obtidos por meio do sistema de amortização constante é dada por

$$SJC_k = k \cdot i \cdot A \cdot \left(\frac{2n - k + 1}{2}\right).$$

Assim, os juros totais pagos nesse sistema de amortização é

$$SJC_n = PV \cdot i \cdot \frac{n+1}{2}.$$

Já para o sistema de amortização francês, a soma dos juros pagos até uma prestação de ordem k é dada por

$$SJF_k = PV\left(\frac{k}{a_{n\rceil i}} - \frac{s_{k\rceil i}}{s_{n\rceil i}}\right),$$

de modo que, ao final da operação, os juros totais montam o valor

$$SJF_n = PV\left(\frac{n}{a_{n\rceil i}} - 1\right).$$

Para determinar qual dos dois sistemas de amortização gera a maior quantia de juros pagos ao final da operação, podemos comparar as SJF_n com SJC_n. Ou seja, bastaria mostrar[2]

$$\frac{(n+1)\cdot i}{2} > \frac{n}{a_{n\rceil i}} - 1.$$

[2]Ver Exercício 7.9

Porém, iremos seguir uma estratégia que nos apresenta mais informações sobre os conteúdos estudados. Vejamos, nosso objetivo agora é mostrar que: sendo JC_k os juros referentes a $k-$ésima prestação no sistema de amortização constante e sendo JF_k os juros referentes a $k-$ésima parcela no sistema de amortização francês, vale

$$JF_k > JC_k \text{ sempre que } 1 < k \leq n.$$

Além disso, em qualquer período que não seja o primeiro, os juros de uma prestação no SAF é sempre maior do que no SAC, a soma de todas essas parcelas de juros manterá a desigualdade. Disso e de saber que

$$JF_1 = JC_1 = i \cdot PV,$$

sempre que $1 < k \leq n$, valerá

$$\begin{aligned}
JF_k > JC_k &\Rightarrow \sum_{k=2}^{n} JF_k > \sum_{k=2}^{n} JC_k \\
&\Rightarrow JF_1 + \sum_{k=2}^{n} JF_k > JC_1 + \sum_{k=2}^{n} JC_k \\
&\Rightarrow \sum_{k=1}^{n} JF_k > \sum_{k=1}^{n} JC_k \\
&\Rightarrow \boxed{SJF_n > SJC_n}
\end{aligned}$$

Isso, realmente, resolve nosso problema.

7.2.1 O saldo devedor e os juros

Em resumo, nosso problema se tornou mostrar que

$$JF_k > JC_k \text{ sempre que } 1 < k \leq n.$$

Como $J_k = i \cdot D_{k-1}$ e dadas as fórmulas para os saldos devedores em cada regime, temos que mostrar que os juros na prestação de ordem k no SAF serem maiores do que os juros na prestação de ordem k no SAC é equivalente a mostrar que o mesmo vale para seus respectivos saldos devedores. Logo, devemos mostrar que

$$PV \cdot \left(1 - \frac{s_{k\rceil i}}{s_{n\rceil i}}\right) > PV\left(1 - \frac{k}{n}\right)$$

que equivale a mostrar que

$$\frac{s_{k\rceil i}}{s_{n\rceil i}} < \frac{k}{n}, \text{ sempre que } 1 < k < n. \tag{7.1}$$

Deixemos esse caminho um pouco de lado, e consideremos um passo auxiliar ao definir a função $f : \mathbb{N}^* \to \mathbb{R}$, dada por

$$f(k) = \frac{s_{k\rceil i}}{k} = \frac{(1+i)^k - 1}{i \cdot k}, \text{ com } i > 0.$$

Como $i > 0$ e $k \in \mathbb{N}^*$, pelo Exercício 2.40, vale

$$(1+i)^{-k} > 1 - i \cdot k,$$

de modo que

$$(1+i)^k \cdot [(k+1) - k(1+i)] < 1$$

disso vale

$$(k+1)(1+i)^k - k \cdot (1+i)^{k+1} < 1.$$

Consequentemente,

$$(k+1)(1+i)^k - (k+1) < k \cdot (1+i)^{k+1} - k$$

reorganizando, temos

$$\frac{(1+i)^k - 1}{k} < \frac{(1+i)^{k+1} - 1}{k+1} \quad \therefore \quad \frac{(1+i)^k - 1}{i \cdot k} < \frac{(1+i)^{k+1} - 1}{i \cdot (k+1)}$$
$$\therefore \quad f(k) < f(k+1).$$

Nos dando que f é uma função crescente. Ou seja, para $1 < k < n$

$$f(n) > f(k) \therefore \frac{s_{n\rceil i}}{n} > \frac{s_{k\rceil i}}{k}.$$

Assim, mostramos que vale a condição requerida em (7.1). Provando, por transitividade, que o saldo devedor no período $k > 1$ no SAC é menor do que o saldo devedor no mesmo período no SAF.

Implicando na garantia de que

$$JC_k < JF_k \text{ sempre que } 1 < k \leq n.$$

Que era nosso objetivo intermediário. Pois, podemos afirmar que

$$SJC_n < SJF_n.$$

Portanto, vale que, em valores absolutos, a soma dos juros pagos no SAC é menor do que a soma dos juros pagos no SAF.

7.3 Enfim, qual é o melhor sistema de amortização?

Nesse capítulo, já vimos que no SAC temos a primeira prestação de maior valor, a última prestação de menor valor e a soma dos juros pagos na operação menor.

Esses resultados nos fazem questionar se essa primeira prestação maior é suficiente para dizer que compensa mais um sistema de amortização em que as prestações são constantes (não há oscilação no que será preciso pagar no decorrer do prazo da operação) ou aquele em que iremos pagar um montante maior de juros.

Obviamente, há situações, ver Exercício 7.6, em que a pessoa que for adquirir um empréstimo não terá como escolher. Nesse caso, não tendo outra possibilidade, a melhor opção será aquela que é possível.

Acreditamos que os resultados apresentados nesse capítulo são todos logicamente aceitáveis sem ser necessárias muitas justificativas. Mas para responder qual o melhor sistema de amortização (dentre os que foram apresentados nesse livro), desafiamos um pouco a lógica e, mesmo com todas as diferenças, afirmamos que o SAC e o SAF são equivalentes para a Matemática Financeira.

Tal afirmação pode ser justificada pelo fato basilar para esse livro: o dinheiro tem valores diferentes no tempo.

Devemos ter em mente que, mesmo que no SAC quem adere um empréstimo pague menos juros no final do processo, ele deverá pagar mais "caro" (parte real da dívida - amortização maior) no começo da operação adotada. Ou seja, os juros totais menores são consequência de um pagamento antecipado (quando comparado ao SAF) do saldo devedor.

Ainda, pode-se provar que, ao considerar as prestações em uma mesma data, a soma desses valores em qualquer um dos dois regimes resultaram em um mesmo valor. Em particular, ao considerar a soma de todas as prestações na data n ao invés dos pagamentos das prestações em suas datas devidas, teríamos que tal soma seria numericamente igual a

$$\sum_{k=1}^{n} PMT_k = PV(1+i)^n$$

independentemente de qual dos dois sistemas de amortização fora adotado.

Por fim, afirmamos que no mundo ideal das teorias, o SAC e o SAF são equivalentes. Porém, na vida real onde nem tudo é ideal, devemos ponderar bem antes de decidir qual o melhor sistema de amortização devemos escolher para pagar nossas dívidas[3].

[3]Claro, desde que seja possível fazer tal escolha.

Exercícios

Exercício 7.6 (FAFIPA). "Taynara quer adquirir sua casa própria, e precisa de um empréstimo de R$ 100.000,00. Para isso, entrou em contato com o gerente do seu Banco. O gerente lhe informou que seu Banco trabalha com uma linha de financiamento de casa própria que tem uma C.E.T. de 1,00% ao mês (já embutidos todos os custos de impostos e seguros). O gerente informou ainda que a C.E.T. anual é de 12,6825% ao ano.Também informou que o prazo para pagamento é de até 300 meses e que a prestação poderia ser calculada pelo SAF, ou pelo SAC."
"O gerente também informou que para estes financiamentos, existe a regra de que a prestação não pode compremeter mais do que 30% do salário do contratante. Sabe-se que o salário mensal bruto de Taynara é de R$ 4.000,00. Considerando a regra de comprometimento de salário, responda qual o valor máximo de prestação que Taynara poderia pagar e em qual sistema de cálculo este valor se enquadraria?"

(a) R$ 1.200,00 – Sistema Price.

(b) R$ 1.200,00 – Sistema SAC.

(c) R$ 1.053,22 – Sistema Price.

(d) R$ 1.333,33 – Sistema SAC.

(e) R$ 2.000,00 – Sistema Price.

Exercício 7.7 (CESPE). Considerando as operações de financiamento imobiliário, julgue o próximo item.

( ) Sob iguais taxas de juros, o sistema SAC gera menor pagamento de juros quando comparado com o sistema Price.

Exercício 7.8 (URCA - Adaptada). Entre os sistemas de amortização de empréstimo Price e SAC podemos afirmar que:

(a) O SAC é sempre melhor que o Price.

(b) O Price é sempre melhor que o SAC.

(c) Dependendo do volume do empréstimo é melhor o SAC

(d) Dependendo do volume do empréstimo é melhor Price

(e) Matematicamente, os dois são equivalentes.

Exercício 7.9. Mostre que, se $i > 0$ e $n \in \mathbb{N}$, com $n > 1$, vale a desigualdade

$$\frac{(n+1)\cdot i}{2} > \frac{n}{a_{n\rceil i}} - 1.$$

Com isso, conclua que o valor da soma dos juros (juros totais) pagos no sistema de amortização francês é maior do que a soma dos juros pagos no sistema de amortização constante.

Exercício 7.10. Considerando tudo o que foi estudado sobre o sistema de amortização constante e o sistema de amortização francês, complete os quadros de empréstimos a seguir.

	D_t	A_t	J_t	PMT_t
0		–	–	–
1				
2				
3				
4				
5				
6				
7				
8				
9				
10				20.500

Para tanto, considere que o primeiro quadro representa um empréstimo por meio do SAC e o segundo quadro representa o mesmo empréstimo, porém o sistema de amortização adotado nesse caso foi o SAF.

	D_t	A_t	J_t	PMT_t
0		–	–	–
1				
2				
3				
4				
5				
6				
7				
8				
9				
10				
				256.016,91

Exercício 7.11. Prove matematicamente ou dê um contraexemplo para a afirmação a seguir: Tanto no SAC quanto no SAF as prestações são proporcionais ao valor do empréstimo. Com isso, podemos afirmar que ao dobrar o valor do empréstimo e mantendo todas as outras condições, teremos que o valor da nova prestação será igual ao dobro da prestação anterior.

Exercício 7.12. Considere um empréstimo de valor PV, pago em n prestações mensais, a uma taxa de juros mensais igual a $i\%$. Sejam PC_k e PF_k os valores das $k-$ésimas prestações na data focal n (final do empréstimo) ao considerar, respectivamente, os sistemas de amortização constante e francês. Mostre que

$$\sum_{k=1}^{n} PC_k = PV(1+i)^n \text{ e } \sum_{k=1}^{n} PC_k = PV(1+i)^n.$$

Por fim, conclua que para qualquer data focal k, com $0 \leq k \leq n$, vale que a soma dos valores das prestações atualizadas nessa data montam o mesmo valor independentemente de considerar o SAC ou o SAF.

> *A Matemática é como um moinho de café que mói admiravelmente o que se lhe dá para moer, mas não devolve outra coisa senão o que se lhe deu.*
>
> **Faraday**

REFERÊNCIAS BIBLIOGRÁFICAS

ASSAF NETO, A. **Matemática Financeira e suas aplicações**. 14a. ed. São Paulo: Atlas, 2021.

BUENO, R. L. da S.; RANGEL, A. de S.; SANTOS, J. C. de S. **Matemática Financeira Moderna**. 1a. ed. São Paulo: Cengage Learning, 2011.

CARVALHO, L. C. S. de; ELIA, B. de S.; DECOTELLI, C. A. **Matemática Financeira Aplicada**. 1a. ed. Rio de Janeiro: Editora FGV, 2016.

FIGUEIREDO, D. G. de. **Números Irracionais e Transcendentes**. 3a. ed. Rio de Janeiro: SBM, 2011.

GUERRA, F.; TENEJA, I. J. **Matemática Financeira**. 3a. ed. Florianópolis: UFSC, 2014.

LIMA, E. L. **Curso de Análise**. 15a. ed. Rio de Janeiro: IMPA, 2022. v. 1.

MORGADO, A. C.; WAGNER, E.; ZANI, S. C. **Progressões e Matemática Financeira**. 6a. ed. Rio de Janeiro: SBM, 2015.

SOUZA, J. P. de A. **Sequências e Séries Numéricas**. 1a. ed. Rio de Janeiro: Livraria Ciência Moderna, 2024.

SOUZA, J. P. de A.; CAMPOS, I. S.; PEREIRA, P. R. C.; SANTOS, W. de S. Algumas relações entre a matemática financeira e as progressões geométricas. **IX Semana de Matemática (URCA)**, v. 3, p. 31–37, 2022. ISSN 2448-3230. Disponível em: <https://matematicaudcs.wixsite.com/sematudcs/2022>. Acesso em: 10 jan. 2024.

STEWART, I. **O Fantástico Mundo dos Números**. 1a. ed. Rio de Janeiro: Zahar, 2016.

Impressão e acabamento
Gráfica da Editora Ciência Moderna Ltda.
Tel: (21) 2201-6662